SHODENSHA
SHINSHO

「自分だまし」の心理学

菊池　聡

祥伝社新書

まえがき

本書は心理学を利用して、「だまし」を正しく判断し、活用していこうという本です。情報を適切に判断して活用する能力を、「情報リテラシー（読み書き）」能力と呼びますが、いわば「だましのリテラシー」を身につけようというのが目標です。

と聞いて、あなたは本書の中身をどう予想されるでしょうか？

「心理学」や「だまし」というキーワードからまず想像されるのは、詐欺や悪徳商法に簡単にだまされる人の心の落とし穴を分析し、簡単にだまされないための思考法や心構えを解説した本、といったところでしょうか。

確かに、人の心にはつけ込まれる多くのスキがあり、悪質な詐欺師はこの弱点を突いてきます。生き馬の目を抜くような油断できない社会で自分を守るためにも、この心のウィークポイントは、ぜひ理解しておきたいことの一つです。「情報リテラシー」の基本は、情報の真偽を正しく判断できる能力ですから、「だまされない」ことはだましのリテラシーにとっても根幹となる能力といえるでしょう。

しかし、本書では、「だまし」という行為を、見破るべき詐欺としてではなく、もっとポジティブな視点から見直そうと思っています。というのも、「情報リテラシー」という概念には、単に情報の真偽を見抜くだけでなく、それを自分の目標に合わせて活用していく能力も含まれるからです。

ということであれば、こうした「だましの活用」という切り口は、ビジネス実用書などでおなじみです。「うそも方便」という言葉があるように、私たちは「うそ」や「だまし」を巧みに使うことで、人間関係を円滑にし、社会的にもポジティブな状況を作り出せることを知っています。人を傷つけない「やさしいだまし」は、ある時は、難病に苦しむ人を力づけ、家庭を円満に、男女関係を丸く収めることができます。その手の書籍では、迷える部下を立ち直らせ、沈滞したチームからやる気を引き出し、人や組織を望ましい方向へ変えていくために、意図的にうそやだましを使いこなすことの大切さが、たびたび述べられます。

「うそも方便」の「方便」という言葉は、もともと仏教の言葉で「目的に近づく」という意味があり、そのための手段も含めて方便と表現されます。この方便としての「だまし」の使い方、すなわち目標達成のためのツール（道具）として「だまし」を役立てるスキルも、また重要なだましのリテラシーの一つといえるでしょう。

しかし、本書で強調したい「だまし」効能の本質は、そうした使いでのあるツールという位置づけではありません。

なぜなら、ツールとしての「だまし」という表現の背景には、いわば「人は正しい情報（真実）に基づいて正しく判断するのが基本。ふだんはだましは絶対にいけないことだが、時と場合によっては、ツールとして有効な時がある」という考え方が見え隠れするからです。こうした「だまし」のとらえ方は、人の心のシステムの本質という観点から見れば、とても表層的で足もとの危ういものです。これは、他人をうまくだましているつもりで、実は自分が悪質な詐欺にはまるとらえ方だとも言えるでしょう。

一般通念からすれば、誰かに「だまされる」ことも、誰かを「だます」ことも、基本的にはよくないこと・あってはならないことであって、倫理的にも悪の範疇《はんちゅう》に入る行為です。しかし、人間にとってだましとは、そのような否定すべきものではなく、また例外的なツールでもなく、実はだましこそ人の心の基盤にある働きなのです。

つまり、人の心にとって「だまし」、そして「だまされる」ことは、それ自体が自然な働きであり、生きていくためになくてはならない必要不可欠なシステムの反映だと考えられるのです。

こうした視点から見ると、私たちがなんとなく抱いている考えのいくつかは、実は「ただの思い込み」にすぎないとも言えます。

「どんな小さなことでも嘘をついちゃだめなんだ。誰かをだますようなことは絶対にだめだ。立派な人というのは正直な人のことだって、いつも言っているだろう」こんなセリフで、昨日もテレビドラマでは父親が子どもを叱っていました。ちょっとした子どもの嘘に、本気で怒って人生の真実を語って聞かせる「いいシーン」で、まあ視聴者の共感を誘う見せ場でしょう。

しかし、この人生訓は心理学的にはありえないのです。いや、私も今の日本社会では、そうした正直な人が尊重され敬意を払われることが必要だとは思うのですが、人の心から嘘やだましを排除してしまうことは、現実的にも、また心理システムの面から考えても、全く不可能なことなのです。

同様に「私は絶対にだまされない」というのも、ありえないことです。二〇〇七年の世相を象徴する漢字一字は「偽」でした。食品偽装が次々と明らかになり食の安全が脅かされた一年を端的に表しています。また、振り込め詐欺にリフォーム詐欺、インターネットを舞台とした詐欺や架空請求、そして悪徳商法の数々は、手を替え品を替え繰り返されています。それでも「いや、私はしっかりと用心しているから、絶対にだまされない」と自信を持っている方がおられると思いますが、それは確実に間違っています。世の中にだまされない人はいません。

これも象徴的な意味で言っているのではなく、繰り返しますが、人は誰でも「だまされる」心理システムを、心の中に不可欠なものとして持っているからです。熟練した詐欺師というのは、相手の心中のこのシステムを巧みに利用して、被害者が「自分からだまされに行く」ように誘導するのです。この延長上に、カルト集団が用いる破壊的なマインド・コントロールの技術もあります。

悪質な詐欺やマインド・コントロールの事件が報道されるたびに、私は、この「だまされる」メカニズムに関する心理学の成果をいかせば、被害を少しでも減らすことができるのではないかと考えてきました。

私がこれまで研究や教育のテーマとして取り組んできたのは、心理的な錯誤を利用しただましを分析し、その罠《わな》に陥らないための心理学的「批判的思考《クリティカル・シンキング》」のあり方を考えることでした。フィールドとして特にとり組んできたのは、UFOや超能力などといった超常現象、血液型などの占い、ニセ科学、オカルトといったちょっと怪しい領域です。こうした世界は、人が簡単にだまされてしまう心理メカニズムを考える上で非常に参考になる実例の宝庫だからです。

長年、この怪しい世界に関わりながら、私は「だまされない」ためのものの考え方を追求してきました。いわば、超常現象やオカルトの「だまし」は、私が心理学を武器として打倒すべき強敵だったわけです。

こうして、さんざん戦ってきたわけなのですが、やがて強敵と書いて「強敵《とも》」と呼べるような心持ちになってきたとでも言いましょうか…、UFO、ノストラダムス、超能力、占いなどといった「本気とウソ」のはざまで成立しているだまし文化の数々の面白さ、リアルとフィクションの微妙なバランスというのは、意外と豊かで奥が深いなあ、と感じられるようになりました（もちろん、愚にもつかないものもありましたが、それはどんな「高級な」文化でも同じです）。

また、そんな虚実の交錯した世界で縦横に活躍する人々のなんと個性的なことでしょうか。そして、私は現代の「おたく」の精神こそ、こうした虚実の皮膜の中で、自分を見失わずに「だまし」を楽しむことができる達人の精神ではないかと思い至りました。そんな個人的な思い入れも、本書には込めてみたいと思います。

さて、話を本筋に戻します。

まず、人は誰もが、かくも簡単に「だまされてしまう」という事実は、私たちの心理にとって「だまされる」ことこそは、実は生きていく上で大切な意味がある証拠だと、考えてください。そして、そこを出発点にした方が、「だまし—だまされる」心理のふるまいをより的確にとらえることができ、私たちのだましのリテラシー向上につながるはずなのです。

認知心理学の長年の研究は、人はその心のうちに「だまし—だまされる」システム群を持っていることを明らかにしてきました。実は、今この瞬間も、あなたは「だまされて」います。なぜならば、だまされている方が、よりよく生きていくために都合がいいからです。いや、だまされていなければ、この世界を適切に認識することすらできなくなるのです。

そして、何のかんの言っても、私たちは自分自身の裡《うち》にあるこの「だまし」のシステムと、一生付き合っていかなければなりません。人が人であるために、このお付き合いからは逃れることができません。であるのなら、「だまし」を敵として一方的に遠ざけるのではなく、相手の良いところも悪いところも認めた上で、良好な関係を築いていきたいではないですか。

そのためには、まず自分の「だまし」の心理の仕組みをよく知ることから始めましょう。そうすることで、人の心理の落とし穴をついた悪質な詐欺などには、簡単にだまされないようになるはずです。
しかし、だましのリテラシーとは、単に「だまされない」能力だけではありません。肝心なのは、「だまされる」べきときには、適切に「だまされる」能力を身につけることです。時に応じて、うまくだまされることができない人は、何にでもコロッとだまされてしまう人と同じく、必要なリテラシーを欠いているのです。大切なのは、「だましの文脈」を識別・評価し、手なずけてコントロールできるようになるということです。これが、「だましのリテラシー」の目指すところです。

二〇〇八年七月

菊池《きくち》 聡《さとる》

「自分だまし」の心理学＊もくじ

一章　なぜ人は「だまされる」のか

二章
人は無意識のうちに、自分で自分をだましている

三章
誰もが、自分に都合のよい「思い込み」をする

四章
無意識のだましと、上手につきあう心構え

五章
「自分のだまし方」を身につければ、物事はうまくいく

六章
おたくこそ、だましのリテラシーの達人だ

本文中の＊印は引用のマークです

一章　なぜ人は「だまされる」のか

人はそもそも、だまされるのが自然

詐欺や悪徳商法のだましのテクニックは実に多様で、単純で粗暴なものから、中にはその独創性に思わずうなってしまうものすらあります。

たとえば、何かと話題の「振り込め詐欺」は、その初期のころには、単に孫や息子を称する人が「おれおれ」と名乗って勘違いを誘う単純なものでした。私も、なかなか悪知恵が回る奴がいるけれど手口を知られればすたれていくだろう、程度に思っていました。しかし下火になるどころか、次々と新しい手法が編み出され、複雑なキャスティングと入念に練られたシナリオにそって物語を展開するという劇場型に進化しています。

二〇〇八年に入ってからは、税務署や社会保険庁の職員を名乗って、税や保険料の還付を装う手口が急増しています。アイディアとしては時宜《じぎ》を得た秀逸なものと思いますが、だまされた被害者のショックを考えると、怒りは禁じ得ません。この悪党たちの発想力と実行力を、まともな稼業に向けていればさぞかし…と思うのは私だけではありますまい。

こうした見事に手の込んだ詐欺が話題になる一方で、ふつうに考えればあり得ないような単純なだましに軽く引っかかってしまう事件というのも、いつまでもすたれることはありません。「わずかな投資で莫大な利益を約束します」とか「飲むだけでみるみる難病が治る奇跡が起こります」といった宣伝文句に、大のオトナが簡単にだまされます。

世の中にうますぎる話はないという大原則を心得ていて、いくばくかの常識的な判断力があれば、まずインチキであることは明白なのですが、なぜか、分別も理性もあるはずの中高年がこうした手口に引っかかるケースは絶えることがないのです。

投資詐欺にせよマルチ商法にせよ、この手の事件が起こるたびに、マスコミはその背景を分析し、たまには私のような稼業の者にも、コメントのおはちが回ってくることがありま す。

「どうして人は、こんなに簡単にだまされてしまうのでしょうか？」

これは、ここ数年、さまざまな新聞雑誌テレビから、何度となく問いかけられたフレーズです。

こうした問いの答えを「心理学」に求める発想というのは、おそらく、次のようなものだと推測されるのですが、いかがでしょうか。

一人前の大人で、きちんと教育を受けて社会生活を営んでいる人であれば、物事の真偽をわきまえる理性と判断力、警戒心を持っており、本来、こんな単純な詐欺にはだまされないはずだ。しかも、こんなに何度も報道されているじゃないか。それでもだまされてしまうというのは、現代人の判断力や思考力が、何らかの原因で狂わされているからじゃないだろうか？　たとえば、最近の格差社会の歪みや、それにともなう心の荒廃、拝金主義が人の心を歪ませているのではないか（つまりは心理学から説明できるのでは）？

こうした答えまで予定して聞いてくる記者さんもおられます。

もちろん、そうした背景もあるかもしれません。しかし、この手のマスコミにはちょっと申し訳ないのですが、私の考えは、この想定とはかなり違います。

「その質問は前提がおかしいようですね。そもそも、〝人はなぜだまされるのでしょうか？〟ではなく、〝なぜだまされない人がいるのか〟と問うべきでしょう」とお答えします。

つまり、人間は「だまされない」状態を正常なベースとして考えるのではなく、「だまされる状態」の方が人として自然と考える方が理にかなっており、また、意義があるという考え方です。

ちょっと意外に受け取られる方も多いと思うのですが、この考え方は、私だけの勝手な言い分ではありません。心理学の中でも、私が専門とする認知心理学という分野の代表的な考え方を、少々大胆に翻案すればこうなります。

言い換えれば、人の心の中には、情報を偽装したり歪《ゆが》めたりして他人や自分自身をだますシステムや、そうした偽装情報にだまされてしまうシステムがもともと備わっているということです。そして、普通の人であれば、これらのシステムはいつも働き続けています。いわばデフォルトは「だまし―だまされる」状態なのです。これに対して「だまされない」状態というのは、どちらかというと、意識的な努力や訓練によって達成される、人の心としては特殊な状態とも言えるものになります。

まずは、そうした「だまし―だまされる」システム（以下、「だまし」システム）とはいかなるものか、それを明らかにすることから始めます。もしこのシステムが適切に働かないとしたら、それこそ私たちの精神はさまざまな深刻な事態に直面することになります。

精神的に健康な人ってどんな人？

あなたの同僚に次のような二人がいるとします。

Aさんは、自分の能力や評価を正しく把握し、そのために仕事の上でも、人間関係でも、いつも正確な情報判断ができる人です。一方、Bさんは、自分というものを知りません。自分勝手な思いこみがはげしく、物事を歪曲して自己中心的な考え方をします。

あなたは、どちらの同僚の方が「精神的に健全（健康）」な人だと思いますか？

当然、Aさんでしょう。

いわばAさんは、おのれを正しく知っています。一緒に仕事をするのなら、Bさんは避けてAさんと組みたいと思うのが人情です。そして、思いこみで物事をねじ曲げる人よりも、理性的に自分を正しく認識している人こそ、健全な精神の持ち主であると考えるのは、ごく自然なことだと思います。

自己についての研究で知られる関西大学の遠藤由美《えんどうゆみ》氏によれば、心理学や哲学の歴史を通しても「世界と自己に対する正確な認識」が精神的な健康の特徴と考えられてきたと言います*。たとえば、性格心理学の開祖の一人とも言えるオルポートは、自己を客観的に正確に把握できる人は知的であり、自己洞察に優れ、内省的で成熟した人格を持っていると述べています。

孫子が「敵を知り、おのれを知らば百戦危うからず」と表現したように、自分や周囲を正しく認識することこそ、社会の中で、目標を達成するためには欠かすことのできない重要な姿勢となります。また、正しく自己を認識できる人は、自分自身の非を謙虚に認め、欠点を改めることができる人です。そのために、職場の周囲の人との摩擦も少なく、友好的な人間関係を築くことができるはずです。

*……引用文献（236ページ参照）

これの裏返しですが、精神的に不健康ととらえられる人の特徴の一つとして、自分自身やそれを取り巻く環境を客観的に正しく認識する能力や姿勢が弱い点が挙げられます。たとえば、Bさんに見られるような身勝手な思いこみや自信過剰といった不正確な認識に基づく行動は、周囲との摩擦を生むもとになります。思いこみがいよいよ深くなると、「ビョーキ」だねと揶揄《やゆ》されるように、コミュニケーションが成り立たなくなる場合もあります。

ワイドショーなどで話題となるようなゴミ屋敷や迷惑騒音の主などの言動も、自分の取っている行動や周囲の状況を認識できなくなっているように見えます（さらに極端な場合は、精神的な変調や疾患にともなう妄想や幻覚といった症状にも、現実認識の欠落を見ることができますが、ここではそうした病的症例にまでは踏み込まないことにします）。

この健康な精神の特徴をよく表したリストがあります。教育に対する多彩な取り組みで知られる明治大学の齋藤孝《さいとうたかし》氏は、身につけるべき「成熟した大人の精神」を次のように挙げています。

・現実から目を背けない
・自分をよく知っている

・プレッシャーのかかる場面でも自分をコントロールできる
・ストレスにも簡単につぶされない
・客観的な視点を持つ
・自分の軸をブレさせずに生きていく
これらに共通して求められるのは「自己管理力」だ。*

ここで斎藤氏がいう「成熟した大人の精神」は、大人としての「健康な精神」のあり方そのものと言っていいでしょう。であれば、リスト項目の逆を行くような「現実から目を背け、自分をよく知らず、客観的な視点を持たない」のは、未熟な子どもの精神ということになります。これは、実感としてうなずけますね。

本当の子どもならまだ仕方ないのですが、ある程度の年齢の大人が、未熟な精神構造のままでいることは、本人にとっても周囲の人にとっても、不幸なことこの上ありません。やはり、自己と現実を客観視できる人こそ健全で成熟した大人のありかただと言えるでしょう。

「しかし、それは少々間違った認識かもしれない」、と言ったらどう思われますか?

最近、「自己」をめぐる心理学の研究では、こうした自明とも言える「健康な精神観」がはらむ問題に注目するようになってきました。

それは、先に挙げたBさんのように、自分の思いこみで世の中を歪曲してとらえる人、つまり、現実を客観的に正しくとらえずに自己欺瞞の世界に生きる人こそ、ある意味では精神的に健康なのではないか、という視点なのです。そして、「現実から目を背けず、自分をよく知っている」といった、健全な大人の態度こそ、自分自身を「うつ」という不健康な状態に陥らせる危険性をはらんでいるという点で、実は健康とは言えないのではないかという問題提起がなされているのです。

「うつ」という問題

現代の日本では、「うつ」や「うつ病」が、深刻な社会問題になっているのはご存じのとおりです。ここ数年で「うつ」に悩む人が急増しています。何よりも「うつ」が問題なのは自殺との関連です。警察庁のまとめによると、日本の自殺者数は二〇〇七年には三万二〇九三人、十年連続して三万人を越えました。そして、原因・動機が特定できたうちでは「うつ病」が、そのトップ（六〇六〇人・約一八％）を占めているのです。

ここで簡単に「うつ」の説明をしておきましょう。

まず「抑《よく》うつ状態」とは、気分がひどく落ち込み、何事にも興味や喜びを感じられず、気力や思考力が減退するようになり、それが持続する状態です。身体にも、不眠や過眠などの睡眠障害や、食欲の著しい減退や逆に過食症状が起こることがあります。場合によっては、世の中すべてに価値がないと思いこむようになり、過剰な罪悪感にとらわれるようになります。精神障害の国際的な診断基準（ＤＳＭ－Ⅳ）によれば、こうした抑うつ状態の徴候のうち一定数のものが、二週間以上持続するようになれば「うつ病」が疑われる状態になります。

うつ病の根本的な原因は、医学的にはまだはっきりとしておらず、ストレスから来る心理的な要因と、脳神経系の生理的要因が関わっていると考えられています。しかも、この病は、特別な人が罹患《りかん》するまれな病気ではなく、日本の一般人口の一割以上が、一生に一度は経験すると推計されているほど身近な病気でもあるのです。

この「うつ病」で注意が必要なのは、私たちが日常的に経験するような軽い抑うつ気分と、「抑うつ状態」そして「うつ病」というのは、程度の差こそあれ、連続した状態にあることでしょう。だれでも、家庭や職場で、ちょっとした失敗をして気分が落ち込んでしまうといった軽度のうつ状態をしばしば体験しています。余計なことを言って友だちの気分を害してしまったとか、締め切りを守れずに怒られたとか、大事にしていた観葉植物を枯らしてしまったとか。そうした出来事のあとは、誰でも暗澹《あんたん》たる気分になるものです。

こうした日常的な抑うつ的な気分は、気晴らしに一杯ひっかけるとか、グチを聞いてもらえばたいていは消えてしまい、長くは続きません。しかし、仕事の過重なストレスといったいくつかの要因が重なると、うつ状態が長く続き、やがて身体にも症状が出て日常生活に支障をきたすようになります。こうした症状が長期間続き、自分では回復できなくなると、これが「うつ病」という状態です。

あなたの周囲にも「うつ」に悩まされている人がいるのではないでしょうか。

二〇〇八年に労働行政研究所がまとめた企業調査データでは、うつ状態などのメンタルヘルスの問題をかかえた従業員が「増加している」と回答した企業は全体の五五%、メンタル面の不調で一ヵ月以上休職している従業員がいると答えた企業も六三%にものぼっています。

私の勤務する大学でも、抑うつ状態に陥って、学業を続けることができない学生が増えているようです。たとえば、友人関係でなんらかのつまずきや挫折を体験すると、それがきっかけとなって、学業や将来に対する興味を失い、引きこもったままになってしまう例も見受けられます。昨今は、いずこの大学でも、こうした学生たちをいかにフォローすべきか頭を痛めている現実があります。

うつは、事態をすべてネガティブに歪《ゆが》める

うつの典型的な状態としては、気分の落ち込み、不安や焦燥といった気分障害ですが、何よりも、ものの考え方（思考）に特徴が現れます。誰もが多かれ少なかれ経験している「うつ」状態ですので、そうした思考のパターンも心当たりがあると思います。すなわち、物事を自動的に悪い方へ悪い方へと考えるようになり、自分自身をネガティブな存在としてとらえ、それによってさらに気分が落ち込み、さらに現実を悪くとらえるという悪循環が起こるのです。

たとえば、仕事のストレスから気分がうつ状態に陥るケースを考えてみましょう。

あなたが部署内でも重要なプロジェクトの責任者に抜擢されたとします。あなたにはそのプロジェクトを成功させる自負がありますし、上司からも期待されています。そして、毎日、毎日、遅くまで残業して睡眠不足になりつつも目標達成に向けてがんばり続けました。

しかし、細部のツメを任せた部下が肝心なところで失敗してしまいます。部下の失敗は監督者たる自分の失敗です。しかも、厳しく叱責した部下は、あっけらかんとして責任を感じていません。そんなこんなで、プロジェクトの進行は滞りがちになり、チーム内はぎすぎすした空気に包まれます。すべては責任者たる自分の責任です。上司からは期待されていた分、最近は冷たい視線を送られているようです。あなたは、この状況でさらに焦りをつのらせ、自分の無力さを責めます。遅れを取り戻すべく、自ら多くの仕事をかかえこみ、泊まり込みの激務を続けるようになってしまいました。

これは人がうつ状態に陥る典型的なシチュエーションの一つです。

そして、うつ者は、物事を全面的に悪い方へ、時には破滅的な方向へ、と解釈します。たとえば、プロジェクトの停滞の原因は、トラブルを予想できなかった自分に全面的に否があり、自分はこうした仕事をする能力がまるでないと思い込みます。

さらには、他の人からの言葉や態度もネガティブに歪んで解釈されます。たとえば、「いろいろ大変かもしれないが、まあ、がんばってくれ」と声をかけられれば、普段は、ありがたい励ましの言葉と受け取るでしょう。しかし、この状況下では、全く同じ言葉が、部下掌握の無能さと努力不足を責める言葉として解釈されます。

「少々休んで、気分をリフレッシュしてみてはどうか」という心配からの一言も、自分を不要として切り捨てるつもりだと解釈されます。部下のOLがこちらをちらりと見ながら、ひそひそ話をしていると、それは「自分を軽蔑《けいべつ》している。部下の信頼も失った」につながります。たとえそれが、あなたのネクタイがしゃれているというような他愛のない話であったとしても。

言葉は、どんなものでも「文脈」を離れて判断することはできません。言葉だけでなく、態度やそぶりといったものも、受け取る人の認識の枠組みひとつで、全く違った意味に解釈することは可能です。物事をネガティブな枠組みで見れば、すべてをネガティブに意味づけることはできてしまうのです。

一時的なものであっても長期にわたるものであっても、うつ状態にある思考の特徴は「現実世界をとにかく悪い方へ悪い方へと歪めてとらえ、ネガティブな思考が自動的に浮かび、その結果、気分は不安と焦燥の中に沈み込んでいく」ところにあります。これは私たちの実感にも合ったものですし、多くの心理学者が、このようなネガティブ方向への思考の歪みが固定されてしまった状態が「うつ」の特徴だと考えました。

抑うつ研究に多大な功績を残した心理学者のアーロン・ベックは、抑うつ者は特有の枠組みで世界を解釈していると考え、この認知の枠組みを「抑うつスキーマ」と呼びました。

「スキーマ」とは、潜在的な知識構造のことで、その人が経てきたさまざまな過去の経験に基づいて作り上げられています。私たちが持っている知識や概念というのは、経験した出来事がそのまま保存されているのではなく、それぞれが抽象化されたり関係づけられたり一般化されたりして、構造化されたスキーマとして蓄えられています。

そして、このスキーマは、単に私たちの知識構造であるというだけでなく、日常的に出会うさまざまな出来事に対する認知（見ること、聞くこと、注意を向けること、記憶すること、考えること）に影響を与え、規定しているのです。いわば、その人独自のものの見方、考え方の枠組みを形づくるもとになるのがスキーマという知識構造です。簡単に言えば、学問でも仕事でも芸術でも、その道に詳しい人というのは、物事の見方が素人とは違いますね。

「モーニング娘。」（でもＡＫＢ48）でも全く知らない人が見れば、同じような女の子が並んでいる程度にしか見えませんが、詳しい人にとっては一人一人が全く別者（らしい）です。この点は大事なことなので後に詳述しますが、このように私たちのスキーマは、知覚や思考といった認知の働きを左右する、強力な枠組みとなっているのです。

そして、ベックの考えによれば、うつ者（うつの人）は、世の中を独特のネガティブなスキーマでとらえる状態にあります。このスキーマのために、うつ者は、身の回りの否定的な状況に対して「自動的に」注意を向けるようになり、それがもとで気分的にも落ち込む症状が引き起こされているのです。

抑うつ的なスキーマで世界を見るとどうでしょうか。もちろん、世の中には、いいことも悪いことも、重要なことも取るに足りないことも、自分に関係あることもないことも、さまざまな出来事に満ちています。しかし、抑うつ者のスキーマは、これらの中からネガティブなことばかりに注目して記憶に残します。本人にとってポジティブなことでも、それらには注意や関心を向けません。また、特に意味のない出来事であっても、それらをことさら自分と関係するネガティブな意味に歪めて解釈してしまうのです。

たとえば、あなたも、物事がうまく行かないときに、ちょっとした失敗がきっかけで、とにかく自分は何をやっても全面的にダメ人間なんだと思いこむことがありませんか？　後から考えれば、そんなたいした失敗ではないにもかかわらず、です。そういう時には、同僚の何気ない態度の中に、軽蔑を感じ取ってしまって、そこから「ああ、自分は無価値な人間なんだ」と思いこんで、さらに落ち込んでいくような連鎖が引き起こされがちです。

つまりベックの理論は、現実をネガティブに歪曲して認識することが抑うつの原因の一つであり、そこからさまざまな気分や感情についての症状が引き起こされるという考えなのです。この理論を取り入れた「認知療法」では、ネガティブに歪んでいる認知のありかたを改善していくことが治療の軸になっており、有効性が高い方法だとされています。

本当に「うつ」者は歪んでいるのか？

先に、自分や世界を客観的に正しく認識しているのが、健全な精神の持ち主であるという精神観を紹介しました。この観点から見ると、ベックの「抑うつスキーマ」モデルは、「現実から目を背け、現実を公平に認識しない（根拠もなく、自分勝手に、悪い方へと歪めて考える）」という不健康な精神の姿と認められます。

しかし、近年、これとは異なるとらえ方が提唱されてきました。

それは、うつ的な傾向を持つ人や、軽度のうつとされる人々の思考はネガティブに歪んでいるのではなく、歪まずに「現実を正しく」とらえているのではないか、という考え方です。これを「うつの現実主義《リアリズム》」と呼びます。そして、精神的に健康な人たちが行う認識こそ、現実を正しくとらえておらず、自分勝手にポジティブな方向に歪曲しているというのです。

この「うつの現実主義」という概念は、主として社会心理（社会的認知）の領域の実験データの数々によって裏付けられてきました。

こうした実験研究がどのように行なわれているのか、代表的な手法を紹介しましょう。研究にあたっては、軽度の「うつ病」の方々に協力していただく場合もありますが、一般の心理学の場合は、普通に生活している人々を対象とすることが多くあります。たいていは身近に動員できるということで「大学生」の集団になるわけです。

まず、その対象者全員のうつ傾向を質問紙などを使って調べます。これは健康診断の問診のようなもので「私の将来には希望が持てないし、物事はよくならないと思う」とか「私は何をやっても疲れる」「食欲が全くない」といった質問に当てはまるかどうか答えていくものです（ＢＤＩ・ベック抑うつ尺度）。

そして、この結果から、一定の基準に従って、対象者グループをうつ傾向を持つ人と持たない人に分けます。そして、彼ら・彼女らが、現実にどのような行動をしたり、どのような考え方をするのかを別途測定する課題をやってもらい、その結果を二つのグループ間で比較して行きます。

たとえば、両グループの人々にさまざまな単語や出来事を覚えてもらい、しばらくして思い出してもらうという記憶課題の実験があります。こうした実験の場合、それぞれのグループの人が思い出した記憶の内容を比較してみると、抑うつ群は非抑うつ群に比べてネガティブな事項を数多く思い出す傾向が見られました。これは、抑うつ者の記憶内容がネガティブに歪んでいたという点で、従来の「うつ」のモデルと合致しています。

ただし、これは抑うつ者が良いことも悪いことも、現実どおりの正確な比率で思い出していたために現れた結果だったのです。逆に、非抑うつ群は、ネガティブなことを忘れてしまい、ポジティブなことばかりを思い出していたのです。つまり、記憶が歪んでいたのは、精神的に健康だとされる人たちの方だったのです。

また、別の研究では、学生同士でディスカッションをしてもらい、終了後に、そのディスカッションの中で自分は社会性をどれくらい発揮できたか自己採点してもらいました（自己評価）。この自己採点の成績と、ディスカッションに参加した他の人がその人を採点した成績（他者評価）を比較して、自己評価がどれほど正確かを調べることができます。すると興味深いことに、抑うつ者の自己採点は、おおよそ他者からの採点とかなり近い値になっていたのです。つまり、抑うつ者は「客観的に正しく」自分の実力をとらえていました。これに対して、非抑うつ群の自己採点は自信過剰方向に偏っていて、自分の社会性を高くとらえていたのです。

これらの実験的研究は、対象者も手法も限定されているため、現実の「うつ」とは対応が難しいという欠点はあります。しかし、計画的に粘り強く行われた多くの研究の結果から、抑うつ傾向を持つ人たちは、現実の世界を正確に認知する傾向があることが次第に明らかにされてきました。その一方で、非抑うつ者、すなわち精神的に健康とされた人たちの自己評価は、客観的基準や他の人からの評価と比べて、よりポジティブな方向（自信過剰）に歪んでいるという事実も浮き彫りになったのです。

また、心理療法の対象になるようなより重い「うつ」の場合は、ネガティブに認知が歪んでいるのが一般的なのですが、そうした臨床現場においても、「うつの現実主義」を裏付ける見解が見られます。たとえば、心理療法の専門家である心理学者丹野《たんの》義彦《よしひこ》氏によれば、「臨床的には、うつ病者がきわめて現実的で鋭い感覚を示してハッとさせられる体験はよくある」と指摘されています*。

人はポジティブなイリュージョンを見る

心理学者のシェリー・テイラーは、健康でごくふつうの精神の持ち主（非抑うつ者）が現実を歪んでとらえる特徴を、次のようにまとめました。*

まず、⑴自分自身を、現実よりも肯定的に歪曲してとらえている、⑵周囲の状況を実際以上にコントロールする力があると信じている、そして⑶将来に関しては非現実的な楽観主義を持っている、という三点です。

そして、こうした現象を「ポジティブ・イリュージョン」と呼びました。イリュージョンで人をだますのは引田天功《ひきたてんこう》やデビッド・カッパーフィールドだけではありません。このモデルによれば、健康な精神の持ち主は、自分自身が生み出したポジティブなイリュージョンによって自分自身をだましていることになるのです。

たいていの人はこうしたイリュージョンを多かれ少なかれ持っています。これが極端になるとKY《ケーワイ》・空気読めない人とか「困った人」と見られることもありますが、ご本人はいたって意気軒昂、毎日が活き活きとしていることも結構あるのではないでしょうか。

こうした人には、抑うつ的な気分の落ち込みは（少なくとも表面的には）あまり見ることができません。いかにも、自己啓発セミナーやポジティブ・シンキングにハマった人に見られがちなタイプ、と言ったら言い過ぎかもしれませんが。

その一方で、こうした自信過剰的なイリュージョンを全く持っていない人がいます。非常に現実的に、公平に、客観的に自分自身をとらえてしまいます。いわば「自分をよく知る」人であり、従来は精神的にきわめて健康だと考えられていた人たちなのです。こうした人たちこそ、うつの危険と隣あわせにいるのです。

ただし、ここで説明してきたタイプの研究でわかってきたのは、「うつ」と、正しい自己認識との間に「関係がある」ということです。この関連を因果関係として考えるとすると、おそらく二つの解釈があります。その一つは、現在抑うつに陥っている人は、うつであるがゆえにポジティブな枠組みで世の中を見ることができず、普段なら目をつぶって済ますような自己周辺のネガティブな出来事を正しく認識するようになる、というものです。いわば抑うつが「原因」で、現実的な認識が「結果」です。これは、ネガティブな気分の時は、人は注意深く分析的に物事を見るという一般的な感情心理学の知見とも一致しています。

その一方で、逆の解釈もありえます。たとえ健康な人でも、自分をことさら持ち上げようとせずに、客観的で公平な見方をするのが習慣になると、それが原因で、自己の悪いところを直視せざるを得ず、その結果、うつに陥るという考え方です。

どちらが原因と結果なのかについては、まだ議論の余地があります。おそらく双方向の関係性があるのでしょう。こうした場合のヒントになるのは、長期にわたって多くの人々の思考の傾向とうつ状態を追跡調査したデータです。たとえば五〇〇人以上の大学生の考え方の傾向を質問紙などで調べておいて（この時点ではうつ病ではありません）、その数年後までうつ病の発症率を調べた研究があります。その結果からは、どうやら物事を白分に有利に考えようとしない思考傾向が後の「うつ」の原因になると推測されていますが、明確な結論はまだ出ていません。

また、抑うつやうつ病にはさまざまなタイプや原因があり、「うつの現実主義《リアリズム》」がすべてに当てはまるわけではありません。深刻なうつ病では、現実主義とはとても言えないような著しい罪悪感や焦燥感などが優越した症状を示します。これらを含め「うつの現実主義」モデルについては、批判的な見方もあり、ベックも実験の中で得られたデータが、本当に現実主義を表すものなのか疑問であると反論しています。

このように、この領域の研究はまだまだ途上といえるかもしれませんが、それでもなお多くの研究が実証的に示した「健康な精神は自己欺瞞と深い関係がある」というアイディアは、従来の「健康な精神観」に対して疑問を投げかけた非常にインパクトがある考え方だと思います。そして、そこには「だましのリテラシー」を考える上でも非常に重要な意義があるのです。

二章　人は無意識のうちに、自分で自分をだましている

認知心理学の考え方

ポジティブ・イリュージョンは、自分が自分にしかける「だまし」に他なりません。このイリュージョンが現実の生活の中でどのように働くのかは、後に詳しく分析することにして、ここでは、こうした自己欺瞞を生み出す「心のシステム」という概念について説明しておきます。これは、人の心を一種の情報処理系（情報システム）としてとらえる認知心理学《コグニティブ・サイコロジー》の基本的な考え方です。

一般の方が「心理学」というと、何をイメージするかといえば、おそらくは傷ついた心を癒したり、悩みを解きほぐすカウンセリングやセラピーなどでしょう。これは「臨床心理学」と呼ばれる領域で、前述した「うつ」を回復させる心理療法などはこれにあたります。

また、よりよい人間関係やビジネスでの成功のために、相手の心のウラを知りそれを操縦する心理手法というイメージもあるかもしれません。自己啓発系の心理学も、自分を対象としているだけで、実用的な心理術の一種と考えられます。書店の「心理学」の棚を見れば、ほとんどがこの手の書籍（や、占いの本）で埋め尽くされています。

しかし、こうした人の心を癒したり操作したりする技術が心理学のすべてではありません。一方で、人の心はどのような仕組みで働いているのかを、実験を主とした実証的な方法を用いて解き明かす「サイエンス」としての心理学があります。この中心となっているのが「認知心理学」です。

この認知《コグニッション》という言葉は、「子どもを認知する」と言うときの認知ではなく、人の知的な精神機能を表す用語です。たとえば、見たり聞いたり（知覚）、覚えたり（記憶・学習）、考えたり（思考・推論・問題解決）、言葉を使ったりといった機能です。そして、この認知心理学は情報科学の影響を受けているだけあって、人の心を一種の「情報処理システム」としてとらえる点に特徴があります。

人が何かを見たり聞いたりすることは情報のインプットであり、考えることは処理装置やメインメモリで情報を処理することであり、何かを憶えることはハードディスクなどの記憶装置に情報を記録することになぞらえることができます。もちろん、心のシステムの働きは、こんなに簡単な説明ではすまないのですが、このようなコンピュータのメタファで考えると心の振る舞いが把握しやすくなるのです。

たとえば、この本を何気なく読み飛ばしている時、あなたの心のシステムは複雑で高度な情報処理活動を絶え間なく遂行しています。その様子をざっと記述してみましょう。

まず、眼から入力される視覚情報から、文字パターンを抽出します。その際には紙の表面とか、背景とかの余計な情報は除外します。次に、自分が持っている日本語データベースと照合して意味のある文字列として確定し、さらに意味を一つに確定させて理解します。その意味内容に応じて、意味情報を一時的に記憶に蓄えておき、次の文を理解するために利用できるものは利用し、必要でないものは一時的な記憶から消去します。また意味的に重要と判断した内容は強固な記憶システムに転送し、次の利用に備えるようにします。

この流れと並行して、次の文字を読むための視線運動をコントロールし、さらに文章の内容や自分が置かれている状況から判断して、本を閉じるとかページをめくるなどの命令を、運動システムに送ったりもします。

これは本当にざっとしか述べていませんが、私たちの心の中にはいくつもの情報処理システムが働いているというイメージをつかんでいただけたでしょうか。そして、このような情報処理システムに注目して、心の働きを解き明かして行くのが認知心理学なのです。

自分で自分をだますメカニズム

現代の科学的心理学の主流とも言えるのが、この認知心理学です。ここで世界中の認知心理学者たちの膨大な研究成果に共通する重要ポイントを、私がわずか二行でまとめてしまいましょう。

それは、私たちは、眼や耳から入ってきた情報を、歪めることなく正確にとらえて、その情報に忠実に私たちの認識（知覚や記憶、思考）を形作るわけでは「ない」、ということです。

コンピュータをモデルとした認知心理学ですが、人の心はコンピュータのように情報を正確に扱うのではなく、本来、情報を歪める働きを持っているのです。それは、人の能力がコンピュータよりも劣るために、正確さを欠いて間違えてしまうという意味ではありません（ある面では能力不足もありますが）。簡単に言ってしまえば、心理システムはあえて不正確に働くのです。

たとえば、あらゆる情報を、自分の都合で勝手に選り好みし、また適当に歪め、先入観から補完し、自ら作り上げた世界像を認識しているのです。しかも、この一連の処理は、かなりの部分が無意識のうちに自動的に行なわれています。そのため、「私」という自覚している意識は、自分の思考や判断が、それに先立つ処理システムから流れて来る歪められた情報に左右されていること、つまり「だまされている」ことに気がつきません。

これこそが、本書で強調したい「自分で自分をだます」メカニズムの根底にあるものです。前述のポジティブ・イリュージョンなどもこうした仕組みで生み出されたものと考えることができます。

ただ、こうした誤った認識・判断を「だまし」と呼ぶことに対して、違和感を覚える方もおられるでしょう。

「そりゃ、人間だもの。たまには錯覚したり、間違うこともあるさ。けれど、それは『だまし』とは言わないんじゃないの?」と。

これも、もっともな疑問だと思います。しかし、繰り返しますが、この現象は人の知覚や思考に欠陥があるために引き起こされる一時的なエラーを指しているのではありません。人の情報処理の歪みは、もっとシステマティックなもので、「自分にとって都合のいいように」あえて無意識のうちに体系的に情報を歪め、再構成を行うのです。

この働きが「だまし」という枠組みでとらえられることを示すために、一般に「だます」という行為の構成要素を考えてみましょう。

だましには、まず「だます人」①がいて、

それとは別の「だまされる人」②に対して、

何らかの「意図」③をもって、

「真実でない、もしくは歪曲された情報を伝える」④ことで、

後者②を「意図どおりの行動へ誘導」⑤し、結果として「利益を得る」⑥こと、

ととらえることができるでしょう。

法律に照らしてみれば、財物をだまし取らないと詐欺にならないとか、もっと厳密な定義になるはずですが、とりあえず日常用語としては妥当なセンではないでしょうか。

たとえば、振り込め詐欺では、犯人①が、被害者のお年寄り②に対して、お金を取ろうという悪意③のもとに、息子が金に困っているという虚偽の情報④を与え、だまされたお年寄りがお金を払い込み⑤、犯人はお金を得る⑥ということになります〈49ページ図〉。

おそらく、認知心理学で「だまし」を説明する上で特徴的なのは、だます人①もだまされる人②も自分自身だということです。これは、はたして「だまし」と呼ぶのがふさわしいのか、当然の疑問が浮かぶと思います。

ここで重要なポイントを一つ述べておきたいと思います。

それは、「だます人」と「だまされる人」という二つの人（システム）を、一人の人間の中に想定することこそ、「だまし」を認知心理学的にとらえる有用な基本モデルになることです。

無意識は人をだます

この認知心理学のモデルを、一般的なだましの要素①〜⑥に対応して説明しましょう。

まず、人の心を複雑な情報処理システム群になぞらえるなら、それらは、おおざっぱに言って、二つに分けられます。一つは初期に無意識のうちに働き、もう一つは遅れて意識的に働きます。先の本を読む例で言えば、まず文字パターンを検出するのが前者で、作者の意図をじっくり解釈するのが後者です。前者が「だます」側で、後者が「だまされる」側になります。

すなわち、早期に働く自動的なシステム①は、ある種の意図③のもとに、客観的な事実と異なる情報④を作り出して、遅れて作動するもう片方のシステム②にその情報を伝えます。送られた側は、それが加工されていることに気が付きません。

そのために、私たちの意識は、歪められた偽装情報であっても、それが事実だと信じ⑤、

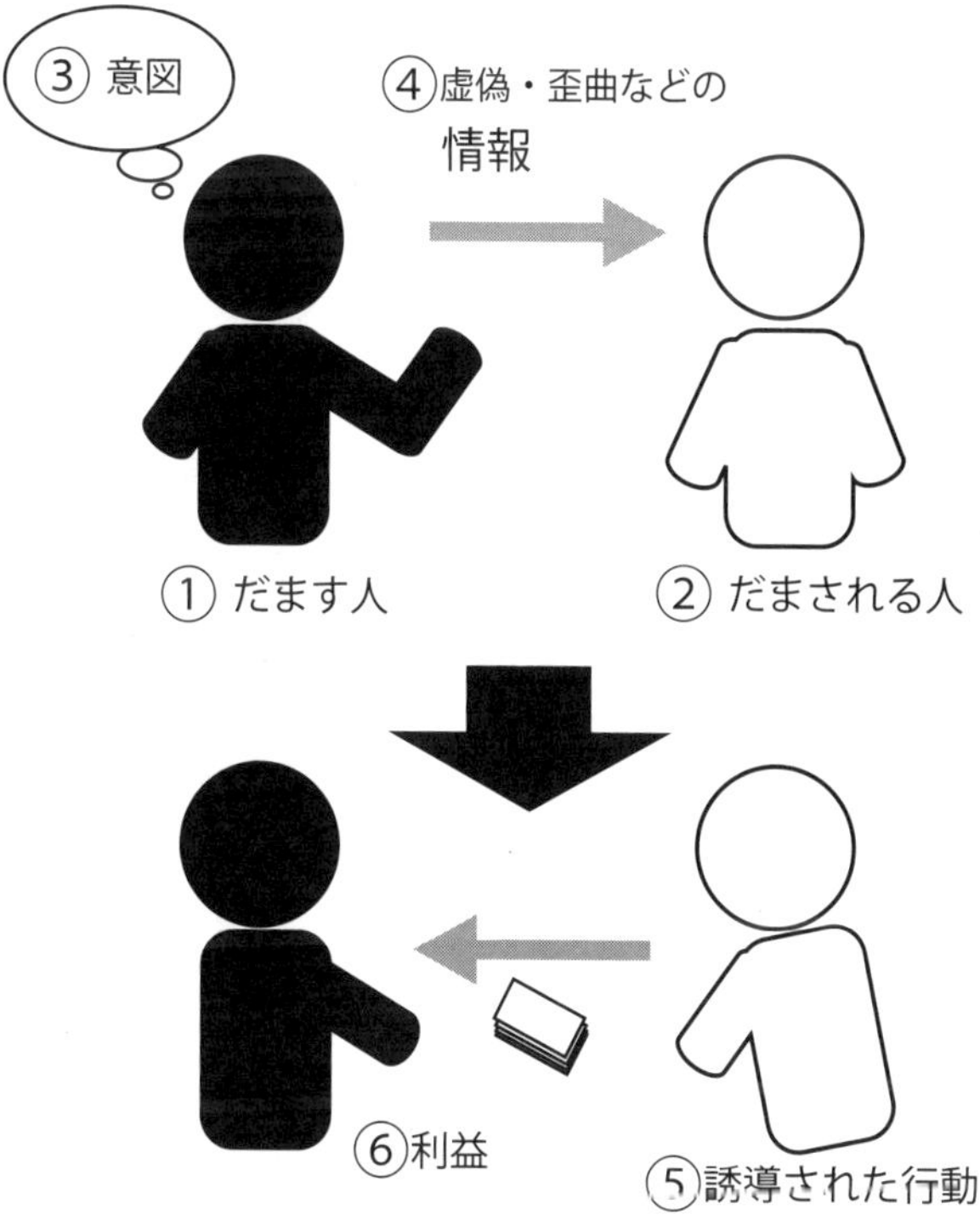
③ 意図
④虚偽・歪曲などの
情報
① だます人
② だまされる人
⑥利益
⑤誘導された行動

それに基づいて判断や解釈を行います。いわばだまされたわけですが、大事なのは、だまされることで、その人全体としては、非常に都合のいい状態を作り出すことができる⑥点なのです。

さて、このモデルに従って、精神的に健康な人（非抑うつ者）が自分に対して高い自己評価を与えて自信過剰になるという現象が起こったときに、そこでどのようなだましが起こっているのか考えてみましょう。

私たちは日々生活のさまざまな体験を通して、自分に関係する多くの情報を入手します。たとえば直接自分の力がテストされるような場面ばかりではなく、ちょっとした日常会話の場でも、自分に関わる情報はフィードバックされてきます。その情報量は膨大なものですから、すべてを正しく認識するには大変な労力がかかります。

そこで、最初に働く自動的な知覚システム①は、自分にとって必要な情報、重要な情報のみをしっかりととらえるように、情報を「ふるい」にかけることになります。そして、特に重要な情報のみが選抜されて次の処理システム②へと送られるのですが、そこで普通は、自分の評価を下げたり自尊心や希望を脅かしたりしないように③都合の悪い情報をカットされたり、逆に自分に有利なことばかりが強調④される情報処理が行なわれます。この、いわば情報の偽装過程は意識にのぼらず、自動的に高速に行なわれます。

この働きは、電子メールソフトのスパム・フィルターに似ています。私のメールアドレスにも、日に数十通のスパムメールが届きます。アクティブなビジネスマンのアドレスなら数百のオーダーでスパムが発生している場合もあるでしょう。これに対処するためにスパム・フィルターを導入すると、このソフトはユーザーが意識しないうちに働いて、メールの内容に見られる特徴やサーバー情報をチェックして迷惑メールを選別削除し、必要なものだけをユーザーに届けてくれます。

おかげで私たちはスパムメールの洪水に惑わされずにすむわけです。ただ、スパム・フィルターはメールのセレクトをするだけですが、無意識の情報処理では、情報の内容の一部を強調したり、歪曲したり、足りないところを補完する操作が行われる点が特徴的です。

そして、この処理済みの情報を次のステップで受けとるのは、意識的に思考することができる自分です。その自分は、入手した情報がこのようにセレクトされ歪んでいることを知りません。ですから、素直に解釈すれば、結果として自分自身を不当に高く評価してしまう⑤ことになるのです。そしてこの認識によって、「うつ」などの感情的な問題に陥ることなく、前向きに生きる精神的・身体的な健康を手に入れる⑥可能性が高くなるわけです。

これが、ポジティブ・イリュージョンという一種の「だまし」の成り立ちです。

ものを見るときに、あなたはすでにだまされている

人の心は、情報を自動的に歪めることで、結果として自分自身に利益をもたらしています。このだましの仕組みは、ポジティブ・イリュージョンばかりでなく、人がふだん行なっているあらゆる心の働きの中に埋め込まれています。しかし、だまされている私たちの意識は、全くと言っていいほど、その働きに気がついていません。

今、この瞬間に起こっていることを例にしましょう。

最も基本的な知覚レベルであなたはだまされています。そのおかげで、あなたは「穴」のない世界を見ることができるのです。

かつて生物の時間に学んだ方も多いと思いますが、人がものを見ることができるのは、眼球の奥の網膜上にある光を感知する細胞に光が当たり、そこで発生した信号が脳に送られるからです。そして、網膜上には、神経の束が眼球の外へ出ていくために、視細胞が存在しない箇所があります。そのため、この点に投影された外界の風景は、どうあがいても感知することはできません。ここが「盲点」です。つまり、人間の視野には、一つの眼球につき一点

だけ、何も見えない箇所があるのです。

ふだんは二つの眼でものを見ていますので、互いに補いあって盲点のために視野に穴が空いたりしないことはわかります。しかし、片目のみで見たときに、視野の中に見えない点が生じていないとすれば、これは原理的におかしいのです。にもかかわらず、私たちは、いかに片目だけでものを見ても、視野のどこかに穴が空いていたり、空白があると認識したりしません。

なぜならば、この欠落を補って視覚情報を偽装するシステムが働いているからです。盲点で生じた欠落は、その周辺の細胞が感知した情報をもとに、違和感が生じないようにうまく埋め合わせをされて、結果として全く穴のない視覚世界像が作り上げられているのです。いわば、私たちは、何も見えていないところに、何かが見えていると思いこまされているわけです。

また、この視覚システムが仕掛ける高度なだましの現象は、私たちが奥行きのある三次元の世界を見ることができるという事実にも現れます。なぜなら、私たちの眼の網膜に映っているのは、写真のような二次元の平面像でしかありません。この情報を正確に受け取るとすれば、私たちが見る世界は平面像になるはずなのです。無意識の情報処理システムは、この二次元の映像を素材にして、外界の情報を再構成して、私たちの三次元の知覚を成り立たせています。ここでも、自分が見ているものが客観的な事実ではなく、脳内で再構成されたバーチャルな像であることに「意識」は気がついていません。

これらはいずれも、ものを見るという人の心の最も基本的なレベルで、存在しない情報を自動的に作り出してしまうという無意識のだましの例でした。そして、さらに複雑な心のレベル、たとえば相手の人間性を判断するとか、自分の能力を評価するとか、物事の原因を考えるとか、そういった高度で複雑な人の心の働きにおいても、だましの情報処理システムは持てる力を存分に発揮することになります。ある時は情報を補完して作り出し、またある時は情報を歪め、目に入っているはずの情報を見えなくしてしまいます。こうしたプロセスでは、先に説明したように、認知を一定の方向に制約したり促進したりするスキーマという知識構造が働いています。

たとえば、「恋は盲目」と言いますが、好きな相手のことであれば、悪いことは全く目に入りません。「目に入らない」というのは比喩ではなく、本当に文字どおり見えないのです。そして理想の姿をより誇張して意識に伝えてくるのです。これが、私たちの心のスパム・フィルターの自然な働きなのです。

　また、あなたがお子さんの学芸会を見に行ったとします。少々カメラに詳しい人（精緻なカメラスキーマを持っている人）であれば、周囲のお父さんたちが構えている最新式のデジタル一眼レフが、まず気になります。「おっ、ニコンの新型だ。いいなぁ。こっちもキヤノンの大口径望遠だ。ほしいなぁ」となります。

　しかし、一緒に行った奥さんには、そんなものは全く「見えていません」。帰宅して、おずおずと「ねぇ、他のお宅はいいカメラ使っているよ。うちもペンタックスの新しいの買おうよ」と言い出そうとするその前に、「ねぇねぇ、グッチとかプラダとか、みんな持ってたね。私も買っちゃおうかしら」と来るはずです。お父さんとしては、「そう言えば、みんな、なんかごついカバン持ってたなぁ」程度のことしか思い浮かびません。

　いきなり話が飛ぶようですが、ですから、怪獣おたくには、怪獣の着ぐるみのチャックは本当に「見えません」。オカルトおたくは、ノストラダムスの詩集の中に、現実の事件の正確な予言を「見つけ出します」。UFOおたくには、飛行機が本当に円盤に「見えます」。アニメおたくには、実在すればさぞかしバランスが悪い等身のアニメ絵の女の子が、現実の女性のように（以上に）魅力的に見えるのです。

　これらも比喩的な意味でそう見えるのではなく、無意識の働きが介在することによってリアルに知覚される、ということです。ただし、一流のおたくは、こうしてだまされている自分を楽しみ、あえてだまされに行き、そしてだまされている自分を冷静に客観的に見ることもできる、というのが本書の隠れたテーマであったりするのですが、この手の話は後の方でこっそりとやります。

人間は自分で思っているほど、自分のことをわかっていない

認知心理学の研究が明らかにして来たのは、人の心の中では役割や特性が異なるたくさんの処理システム（モジュール）が共同して働いていると想定できることです。こうしたシステムは知覚・記憶・思考といった局面それぞれにたくさんあるのですが、先に触れたように、これらは働き方の特徴から大きく二つのカテゴリに分けられます。

一つは、私たちが自分で自覚できず、無意識のうちに自動的に進行するシステムです。一連の流れの中で、比較的早期に、そして素早く働きます。私たちは普段このシステムが存在していることを、文字どおり意識していません。盲点の補完や三次元像の認識などはその代表的なものでした。

そして、もう一つは、意識にとらえることができ、自覚的にコントロールできるシステム

があります。これは、比較的後期に、ゆっくりと働きます。こちらが高度な知性と呼ぶにふさわしい、人間としての主体性ある情報処理です。これが、おおよそ私たちが自覚している「こころ」です。

このように心理過程を二段階に分ける考え方は、心理学では一般的です。細かい分野によって「前注意的」と「集中的注意」、「自動的処理」と「統制的処理」、「ヒューリスティクス」と「システマティック処理」など、さまざまに呼ばれています。むろん、これらは実際はもっと複雑なシステムで、どこまでが自動で、どこからが意識的システムかなどは、単純に二分できるものではありません。その辺は眼をつぶって、とりあえず本書では大枠のみでとらえてください。

ここでいう「だまし」のシステムとは、無意識で自動的な情報処理システムが、意識的なシステムをだますというものでした。この仕組みが、ある時はポジティブ・イリュージョンを引き起こし、またある時は、世の中の多くの錯誤、誤信迷信、差別偏見、さらには詐欺や悪徳商法の被害を拡大するというのが、私の基本的な考えです。

おそらく、人がこうした二つの処理システムを持つということは、多くの方に納得していただけるものと思います。しかし、この無意識の情報処理こそ、私たちの認知の大部分を占めていて、私たちが自覚的に自分自身の認知をコントロールできる局面はごく少ない、という事実には驚かれるかもしれません。

しかし、これはウソでもハッタリでもありません。心理学者の下條信輔《しもじょうしんすけ》氏の言葉を借りれば「私たちは自分で思っているほど、自分のことをわかっていない」というのが、認知心理学の基本的なテーゼなのです。

このイメージは、たとえば、飛行機の自動操縦装置を考えていただくとわかりやすいと思います。現代の飛行機は、飛行中にいちいちパイロットが操縦桿やレバーを操作して操縦し続けてはいません。高度や速度、機体やエンジンの状態は、自動操縦装置が常にモニターして、一通りの指示はすべて自動操縦装置が出します。そして、必要な情報のみを計器を通してパイロットに伝えてきます。異常が起こったり、特別な操縦が必要な時以外は、パイロットは計器を見るだけで、後は自動操縦装置に任せることができます。

この自動操縦装置のように、私たちの無意識のシステムは、私たちを取り巻く世界からの情報を常にモニターし、必要な操作や情報処理を行って、そのごく一部分だけを意識（パイロット）に伝えてくるのです。ですから、私たちの日常的な行動のほとんどは、それで大過なく営まれています。そして、計器板に表示される情報は、必ずしも客観的に正しいものではなく、さまざまに歪められた偽装情報になっているというのがポイントです。

映画『2001年宇宙の旅』で宇宙船の自動操縦を受け持つコンピュータHAL9000が、宇宙飛行士たちにニセの情報を流して殺害しようとした場面と同じ状況だと思ってください（見ていない方、すみません）。しかも、こういった状態は、飛行機の運航のほとんどが自動操縦で行われているのと同じように、私たちにとっては、ごくありふれたふつうの状態なのです（むろん、殺害には至りません）。

さらに面白いのは、私たちの意識（パイロット）が自分の自由意思で操縦したと思っていることでも、無意識のシステムにうまく操られて、そう思いこまされているだけなのかもしれないことです。

なぜなら、自分が主体的に判断したつもりでも、その判断を左右する情報の数々は無意識によって作りだされ、結論に至るまでの道筋はすでにつけられているかもしれないのです。

いわば、私たちは自分こそが自己存在の主人公だということを、縁の下で働いている無意識によって思いこまされている状態と言えます。そして、その意味で人間の意識は「自動操縦を管理するパイロット」というよりも、一種の「裸の王様」もしくは、「ハンコだけ押すお飾りの重役、しかも自分が会社を動かしていると思っている」という表現の方が似合うかもしれません。もちろん、自分の無意識も、まちがいなく自分ではあるのですが。

また、ここで少々付け加えておきますが、私たちを支配する「無意識」というと、フロイトを祖とする精神分析や深層心理学を思い浮かべる方も多いと思います。しかし、こうした学問で、心の深層にあると想定している「無意識」の概念と、認知心理学で言う「無意識の情報処理」は全く別物と考えてください。精神分析で言う無意識の考え方は、思想としては興味深いものではあったとしても、少なくとも科学的理論としては認められていません。

ですから、認知心理学者たちは、非科学的なフロイトの無意識と混同されることを嫌って、「自動処理」とか「自覚されない」「意識下の」といった表現を使ったりします。しかし、いずれもなじみのない用語で親しみにくいと思いますので、ここでは無意識と表現することにしました。認知心理学から無意識を知ることは、精神分析の一部の理論がもたらした迷信よりも、多くの有益な助言を私たちにもたらしてくれると思います。


なぜ騒がしいパーティ会場でも、友だちの声は聞き取れるのか

無意識に働く自動処理システムがどのように情報をふるいにかけて取捨選択するのか、そしてそれらが常時働いて、いかに膨大な情報処理をしているのか。もう一度、わかりやすいケースを見てみましょう。

人の「注意」の研究の中でも、「カクテルパーティ効果」と呼ばれる無意図的注意の振る舞いを取り上げます。

皆さんは、たとえば重要な会議などをボイスレコーダーで録音しておいて、後から聞いたことがありますでしょうか。お子さんの学芸会のビデオを再生した場合でもいいのですが、そうした録音したものを聞いたときにちょっと戸惑った経験があると思います。録音したその現場は静かだったはずなのに、いざ録音したものを聞いてみると、外を走る車の音、出席者のつぶやきやくしゃみ、資料をめくる音、など、収録した時は全く気がつかなかった雑音が数多く記録されています。そして、肝心の発言はノイズに埋もれて、会場で聞いたよりもはるかに弱々しく聞こえてしまうのです。

これは、録音機器の性能のせいではありません。ふだんは人の知覚システムが、自分が注意を集中して聞いていること以外の雑音を自動的にカットする処理を行っているせいです。「要するに高性能のマイクみたいなもので、狙った音だけが聞こえるんでしょ。高い機械ならできるね」と思われるかもしれませんが、それは早計です。カクテルパーティ効果の語源どおり、多くの人が集まってあちこちで談笑の輪を広げているような騒がしいパーティ会場を考えてください。ここで、あなたが連れの誰かと話し込んでいるとき、耳に入る物理的な音量を比べてみれば、会話の相手の声よりも、周囲の喧噪《けんそう》の方が大きい場合がしばしば起こります。いかに高性能のマイクでも（いや、高性能であればあるほど）、この物理的な音量に忠実に、喧噪を大きく、会話を小さく録音します。人間の耳のように「自分に関係のある話を認識して、それより大きい周辺のＢＧＭや話し声は意識に割り込ませない」という芸当をすることはできません。

さらに興味深いのは、そんな喧噪の中でも、思いもよらない方から自分の名前を呼ぶ声があれば気がつくことができるのです。

不思議なことだと思いませんか？

もし、周囲の雑音を自動的にカットして会話に集中するのであれば、自分を呼ぶ小さな声も当然カットされてしまうはずです。名前に気がつくということは、私たちが無意識のうちに周囲の雑音をきちんと処理して、自分にとって重要な情報かどうかを判断していることになるのです。

そして、名前のような重要情報が検知されれば、そこではじめて意識レベルに自動的に割り込み処理が行なわれるのです。それまで、この過程は一切意識されていません。そんなことまでいちいち意識で処理していたら、パーティでの会話を楽しむことは不可能です。

カクテルパーティ効果は、心の情報系の初期段階における自動的な注意の働きを示すものとして、心理学の教科書でも多く取り上げられています。そして、私たちの心の働きの大部分は、無数のこうした自動処理システム群によって営まれているのです。

無意識の「だまし」は心の早期《そうき》防衛警戒《ぼうえいけいかい》システム

まだ、こうした無意識の心理過程に「だまし」という表現を使うことがしっくり来ない方もいると思います。

ここでもう一つ別の肝心な点に着目しましょう。「だまし」と表現するからには、そこにはだます側の何らかの「意図」「目的」がある（49ページ図の③）わけです。

無意識が意識をだます上でも、この意図や目的があることを考えておかねばなりません。もちろん、無意識が通常の意味での意図を持つわけではなく、これは比喩的な意味だと受け取ってください。

その意図とは、「生体が、世界に、より適応できるように、（あえて事実を曲げてでも）情報を加工する」ということです。

この「適応」とは、環境と個体が調和的な関係にあることを指します。表現は難しいですが、そんなに難しいことではありません。ひらたく言えば「うまくやっていける」ということです。

新入社員が会社に適応するとか、外来生物が日本の環境に適応するといった使い方もされる言葉です。そのイメージどおり、疎外されたり追い出されたりすることなしに、周囲の環境と適切なコミュニケーションをとって、円満に摩擦や衝突がなくやっていける状態になることが「適応」できた状態です。

無意識の情報処理システムは、その主体たる人間が環境に「適応」することを最優先の大目的とし、そこから派生する具体的な諸原則にしたがって情報を処理します。

それらの諸原則を、ここでは三つにまとめておきます。

第一が、「生存に有利になること」、第二が「リソース（資源）を節約すること」、そして第三は後述します。

まず、第一の原則はわかりやすいと思います。ともかくも適応的であるためには、自分の生存が脅かされないことが大前提です。端的に言えば、生き延びられなければ適応できていることにはなりません。

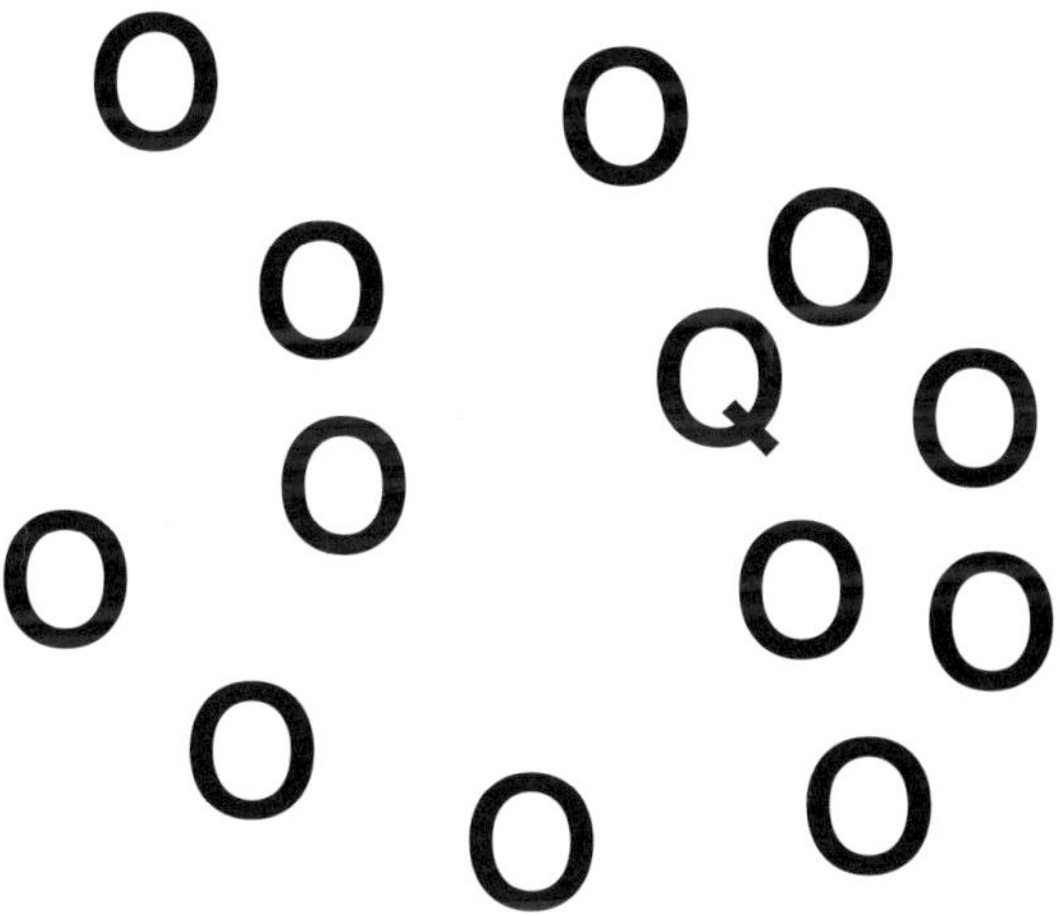

ですから、無意識のシステムは、自分の周囲の環境に普通と違うなんらかの変化が生起すれば、それを敏感に感知するように注意を向けます。特にそれが危険なものであれば、最優先で感知するように働きます。自動操縦装置の最優先事項は、飛行機を墜落や衝突させずに無事飛行させることに他なりません。

これは、厳しい自然環境の中で生き残って来た生き物が、その中で身につけた「早期警戒システム」と言えるものです。ですから、視野の中に通常とは違うものが入ってくれば、そこに自動的に注意が向きます。たとえば上の図を見れば、Oの群れの中から、Qのみが、まず目に飛び込んでくる（ポップアウトする）はずです。

無意識の防衛システムは、自分の目の周りで起こったことを常にチェックし続け、何を優先的に処理すべきかを判断しています。

ただ、無意識のシステムはいかに自動的に働くとはいえ、元手がなくタダで働くわけにはいきません。自動車が動くのに燃料やエンジンが必要なように、また、コンピュータが動くのに電気やメモリが必要なように、人の情報処理システムもかなりの心的なエネルギーや設備を必要とします。このように、人の心が働く元になるもので、働かせれば消費される「資源」を総称して、メンタル・リソース（「心的資源」もしくは「処理資源」）と呼びます。

たとえば人間の注意力というのも大切なリソースの一つです。このリソースの容量に限りがあるのは、誰でも実感できることです。一つのことに注意を集中すればするほど、そこで多量のリソースが消費されて、他には注意が向かなくなります。認知心理学が心のモデルにしているコンピュータシステムでも、古いＯＳでメモリが足りなくなると「システムリソースが不足しています」というエラーが出ることがよくありました。

となると、私たちの心というソフトウエアがきちんと働くためには、まずこうしたリソースを管理して、心の諸システムに適切に配分することが必要であって、それもかなり重要なことがわかります。

ここで、無意識が働く第二の原則が明確になります。すなわち「人間の情報処理は、少ないリソースをできるだけ節約しながら使って、効率的に情報処理を行えること」です。これは、別名「認知的経済性の原理」もしくは「認知的節約の原理」と呼ばれ、私たちの認知全般に適用できる大原則です。私たちの認知システムは、普段はできるだけ低燃費で働くことを目指して、リソースの出し惜しみをするわけです。

これを少々難しく言い換えれば、そのシステムが過負荷状態（すなわち不適応状態を意味します）に陥るのを避けるため、正確さよりも効率性を優先する、ということになります。いわば、考えずにすみそうなことは、できるだけ手抜きをして、ある程度不正確でもいいからほどほどの正確さで容認しよう、という原理なのです。

なんだか怠け者のようですが、じっくり考えずにすませるということは時には死活に関わる大切なことです。危険感知システムなどは素早く働かないと意味がありません。路上で車がこちらに突っ込んできたときなど、状況を正確に判断しようとあれこれ考えるよりも、とにかく素早く逃げることが生存に有利に働くことは言うまでもありません。人の祖先がそうだったように、大自然の中で生き残っていくことを考えれば、拙速でもとにかく行動を起こす（逃げる）ことが、適応的に有利な意味を持つでしょう。

このように、リソースを節約して「できるだけ考えずにすませたい」というのは、いわば私たちの思考のデフォルト状態なのです。

直感力の正体は、無意識の情報処理システム

第三の原則は次章で説明することにして、脇道にそれますが、ここで興味深い現象を紹介しましょう。

無意識の情報処理システムが、リソースを節約しながらも、的確な情報処理を行えることを示しているのが、一般に「直感力」や「第六感」と呼ばれるものの存在です。

世の中には、理屈や論理ではどうにも説明できない直感的な「ひらめき」が難問の解決や大発明、大成功をもたらすことがあります。重大な意思決定——たとえばビジネス上の判断でも、大戦争における提督の決断でも、頭に突然ひらめいた直感が決定的に重要だったという逸話はよく知られています。

こうした「直感」というのは、なぜそんな結論が脳裏に湧いて出たのか自覚も説明もできないけれども、本人にとっては正しいと確信でき、実際に鋭く事実をとらえていたりするものです。そして、このような神秘的な感覚であるがゆえに、「霊感」であるとか、「超能力」

「予知能力」といった人知も科学も超越した説明がなされることもしばしばあります。はたして「直感」の正体は、そうした未知の神秘的な感覚なのでしょうか？

認知心理学が明らかにした無意識の情報処理システムを照らし合わせてみれば、直感力の特徴というのはかなり合理的に説明できます。もちろん説明が可能というだけであって「霊感的な直感などない」というものではありませんが、少なくとも霊能力や超能力などに頼らなくても、直感のふるまいを説明することは十分に可能なのです。

つまり「直感」で物事を正しく判断できるということこそ、私たちの高度な認知情報処理の大部分が、意識できない無意識のレベルで働いていることの現れだと考えられるのです。たとえばカクテルパーティ効果などで説明しましたように、私たちが自覚できる思考は、心の情報処理全体に比べればごくわずか、氷山の一角にすぎません。にもかかわらず、膨大な情報を絶えずチェックし、必要な情報を拾い上げて意識に知らせる離れ業をやってのけました。

この無意識の処理システムは、ひとたび人が危機的な場面や決定的に重要な判断の局面に立たされた場合にも、持っている力をフルに発揮して、ほとんど本人が意識しないうちに細かい情報を検討して、耳を傾けるべき貴重な助言をたたき出してきます。ただし、その「直感」を手放しで的確なものと考えるのは早計です。直感が素晴らしい力を発揮するのは、無意識の働きが十分に鍛えられ、訓練されているというのが大前提となるからです。

ベテラン刑事のカンは、無意識の五感システム

サスペンスドラマなどでありがちな場面ですが、古参の刑事が、自殺者の死因に「直感的に」不審を抱き、よくよく調べた結果、実はそれが殺人事件だったと見抜くとしましょう。その刑事は、「オレのカンが怪しいと告げている」とか「うぅ〜ん、何かおかしいんですよねぇ（田村正和の声でどうぞ）」とか、独り言を言いながら、現場をあちこち歩き回ります。つまり、彼の刑事としての豊富な経験に裏付けられた無意識の情報処理システムは、この自殺は「何かがおかしい」という警戒のシグナルを伝えてきているのです。

おそらく彼の無意識は、五感がとらえた現場の雑多な情報の中から、自殺にしては不自然なシーンを自動的に検出し、その違和感のみを意識に送ってきます。しかし、意識ではその不自然な感覚を「カン」としか言語化することができません。なぜなら意識にはまだその不自然さの原因をはっきりと自覚できないからです。

そして、彼の意識は「どうして自分は『何かおかしい』と思っているのか？」を確認する

作業にかかります。そのために、現場を歩き回り、関係者からしつこく話を聞き、自分の意識が納得できるような証拠を見つけることで、やっと殺人であることが確認されることになります。

この一連のプロセスの発端となる刑事のカンこそ、熟練者がさまざまな意識下の手掛かりを活用して、適切な答えを導き出す「直感」の働きです。重要なのは、そのプロセスの多くが私たちには自覚できず、意識は処理結果のみを知ることになるという点です。ですから、直感に至った理由を説明しようとしても、「なんとなく」「ひらめいた」としか、意識としては言いようがありません。

このような卓越した直感力は、一流のスポーツ選手の瞬間的な判断や、その道一筋に研鑽《けんさん》を積んだ職人技、死線を越えた人の勝負カン、そして科学者が成し遂げる創造的な発明や発見、さらには修羅場《しゅらば》の女性など、さまざまな場面で発揮されます。いずれも、長年積み重ねてきた経験や訓練によって熟成され、自動的に働くように内在化された情報処理によって発揮されるものと考えることができるのです。

たとえば、絵画の真贋鑑定などの場合、優れた鑑定家は一目見て、直感的に偽物を見抜くと言います。その感覚は言葉にすれば「ゴッホの魂が感じられない」「ルノアールらしさが伝わってこない」といった曖昧《あいまい》で主観的な表現になるかもしれません。ただ、それは、微妙なタッチの違いとか、色づかいの不自然さとかを感知し、それを意識が言葉にしているわけなのです。こうした熟練の専門家による直感的な鑑定は、科学的鑑定を凌駕《りようが》する場合もあるとされています。

似た例として、偶然の出来事を見逃さずに、たとえば発明や発見などの成功に結びつけるという能力があります。細菌学者フレミングがブドウ球菌培養研究を行なっていたとき、菌を育てていたシャーレーに、雑菌であるアオカビが入り込んで繁殖してしまうという失敗をしました。本来なら、そのまま棄てられて終わりのはずだったのですが、アオカビの周囲だけブドウ球菌がなくなっているのに気がついたのです。

これがペニシリンの発見につながりました。きっかけになった出来事は、研究本来の目的から考えれば、ただの失敗となります。しかし、普通なら見過ごしてしまうような希有の偶然の中から、直感的に新しい発見の芽を洞察する能力、これが創造性の鍵とも言える「セレンディピティ」という能力です。

ごくふつうの私たちでも、それぞれの仕事や勉強の領域によっては、一種の熟練者であったりします。営業現場の達人であり、マーケティングのプロであり、教育のベテランであり、受験のエキスパートでありと、経験によって鍛え上げられた情報処理システムを持っています。これらの働きが、私たちに直感力による的確な判断や意思決定をもたらしてくれるはずです。

また、人類は進化の歴史の中で生き残ってきたサバイバルの達人の末裔です。ですから、身に迫る危険を察知したり、隠れた脅威を感知するとかいう場面では、驚くべき高度な直感力を働かせることもできるわけです。

自分に都合のよい「直感」だけを信頼するな

ただ、いわゆる「直感」が、すべて自動化された高度な情報処理のたまものかと言うと、そうではありません。私たちの無意識の判断は、先に説明したような認知的節約の原理に従っています。できるだけ手を抜き、少ない手掛かりから自動的に状況を判断したという意味での直感ですね。おおよそ、私たちの日常生活の中でしばしば頼る「直感」とは、おそらくこうした思考の節約・手抜き推論を、直感と呼んでいるだけです。

もちろん、これは手抜きを非難しているわけではありません。認知心理学では、こうした直感的な判断を「ヒューリスティクス」と呼び、その特徴を長年にわたって研究してきました。そして、ヒューリスティクスが、かなり的確な判断を行なうことができること、それと同時に、一定方向に歪んだ判断を生み出すことも明らかにしてきました。

次節でその思考の節約の特徴を説明しますが、その前に「直感」に関して、ぜひ触れておきたいことがあります。それは、神秘的な第六感であるとか、霊能力や超能力でなければ説明がつかないとされる超常現象の数々です。たとえば、予言者とか予知能力者、超能力捜査官とか呼ばれる人々がしばしばマスコミをにぎわせます。中には常人には計り知れないような特殊な能力で、大地震や災害の発生を予言・的中させたという人物も知られています。

未知の予知能力があるという可能性ももちろんゼロではありません。しかし、こうした神秘的に見える能力についても、認知心理学からは、かなり現実に即した説明をすることができます。やはり人の無意識の情報処理の歪みの好例なのですが、これは予知や予言を受け取るわれわれの側の問題です。簡単に言えば「人は都合のいいことは意識するけれど、都合の悪いことには注意が向かない。しかも、自分が都合よく解釈する」ということです。

予言者や占い師が、単なるランダム・当てずっぽな答えを出したとして、それが度重なれば、実際には当たることもはずれることもあるでしょう。ある程度の常識的な洞察力があり、占い相手の人となりを見て言葉を選べば、ランダムよりはよく当たるとは思います。しかし、たいていの場合、はずれます。

けれども、占いや予言を受け取った人の側にとってみれば、的中はかなりインパクトがありますが、はずれにはあまり注意を払いません。これがあらゆる占いや予言、霊感といったものが神秘的な力を持っているように錯覚させる共通の原理です。

超能力や霊能力に対する懐疑的な活動で知られた天文学者のカール・セーガンはこう言っています。

「当たったケースは後に残るが、はずれは残らない。このようにして人間は知らずしらずのうちに『共謀』しあって、こうした現象の頻度について偏った記録をとっているのである」と。

こうして「直感」の力は過大に評価され、共同幻想を作り上げていきます。結果として成功した直感の例があったからといって、それは直感力の正しさを保証するわけではないのです。

ただ、高度なスキルに裏打ちされないただの手抜き推論としての「直感」であっても、見た目は「直感」であって、それだけでは区別ができません。自分の「直感」は、はたして高度な直感と言えるのか、ただの錯覚なのか、直感を信頼している人は、一応考えてみた方がいいかもしれません。

他人をなぜ見た目で判断してしまうのか

さて、無意識の情報処理の第二原則「認知的節約の原理」に立ち返って、私たちが、日々の知覚、思考、判断の中で、どのようにリソースを節約しているのかの例を見てみましょう。

初めて会った取引先の人と、これから重要な商談を進めなければならない場面になったとします。そんな時、この人はパートナーとして信頼できるのか、話が通じそうな人なのか、そんなことがまず心配になります。このような際には、その人の外見や言葉遣い、マナー、立場・肩書き、といった特徴をもとに、その人のイメージを把握しようとするシステムが、ほぼ無自覚のうちに、自動的に働きます。

もし、舌っ足らずのぞんざいな口調で、ちゃらちゃらしたアクセサリーを身につけていれば、すなわち、いいかげんなヤツなのだと無意識は自動的に感知します。意識はいかに「人を見かけや肩書きで判断してはいけない」と思っていても、こうした場で働く処理システムは、見かけや肩書きといった利用しやすい手掛かりを使って、自分がすでによく知っている人間像の枠組み＝対人スキーマの中に相手を位置づけようとします。なぜなら、そうした把握の仕方が、リソースの節約に役立つからです。

たとえば、大学教授といえば、謹厳実直で世間知らずの学究肌なんだろうと思いこんだりします。こうした判断は、いずれも多かれ少なかれ誤解を生む元にはなるのですが、少ない手掛かりや情報から、それ以上のことを推測したり判断したりしなければならないのが、人の宿命なのです。それでも、「いや、私は見かけで人間性まで判断するようなことは絶対ない」と言える方は立派です。しかし、心がけとしてはともかく、実際にはそんなことは不可能です。

相手の人間性といった曖昧なものをよく知るためには、おそらくは膨大な時間と手間がかかります。人の心的リソースを食い尽くすような処理になるのは明らかです。いや、それでも現実には不可能かもしれません。自分の子どもであっても、また何年も連れ添った夫婦ですら、その人の人間性をよく知り尽くしているのか、と問われれば、自信をもって言い切れる人は少ないのではないでしょうか。

特に重要な人と初めて会うような場面では、できるだけ効率的に認知を進めなければなりません。まず「手頃でわかりやすい目立つ情報」をピックアップして、これをもとに自分の心のうちにある典型的な人間像のストックの中から最もフィットするパターンを選び出して、それで全体像を把握する方法が、最も効率的だと言えます。

ここで肝心なのは、そんな判断でも、おおよそ相手のことが、実用的には十分に「わかってしまう」ことです。言い換えれば、こうした「目立つ特徴的な情報」にしたがって判断しておけば、たいていの物事はうまくいくことを私たちは経験的に知っているのです。ヤクザにはヤクザの外見や言葉遣いがあり、まじめな人には整った外見や言葉遣いがあります。おおよそ、それで判断しても日常的には問題ありません。

このように、私たちが頼りにする「わかりやすい目立つ情報」によって判断することは、心理学では「ステレオタイプ」的判断と呼ばれるものです。たとえば大阪人はお笑い好きだ、とか学校の先生はまじめだとか、アメリカ人は陽気だとかいうのは、もちろんステレオタイプ的な推測です。

このステレオタイプは、多くの人にあてはまっているように思え、そしてその人を理解する枠組み・対人スキーマとして有効だと多くの人が思いこんでいます。だからこそ、私たちの無意識の情報処理システムは、こうしたステレオタイプ的判断を採用するのです。

ですから、こうしたステレオタイプ判断も、人の無意識の「だまし」のシステムの一つとして理解することができます。繰り返しますが、ステレオタイプ的判断というのは、日常的にかなり有効で、おおよそあてはまっているがゆえに何も考えずに使われます。そして、肝心なところで人を誤らせます。認知のデフォルトとも言えるリソースの節約に慣れているからこそ、外見がまじめそうで真摯な好青年を装う詐欺師という例外的な事態に、私たちは適切に対処できないのです。

「あばたもえくぼ」の都合のよい情報処理

ただ、初対面では見た目の判断に頼ってしまうというのは、まあ仕方ないですよね。なにせ相手のことをよく知らないのだから。

こんな楽観的な言い方ができるのも、その後のつき合いが続く中で、当初のステレオタイプ的な見方は、どんどん修正され変化してくることも、私たちは知っているからです。

たとえば、ずっと一緒に仕事をしてきて、相手の人間性のいろいろな側面が見えてくれば、見かけに頼ったステレオタイプとのズレが見えてきて、徐々に正しい認識へと近づいてくるわけです。「おっ、見かけはいいかげんんだが、意外とまじめな男なんだな」というように。私も、新しくゼミに配属された学生を一目見たときに、その今風なファッションや幼い言葉遣いに、「ガキっぽいなぁ」と思うこともたまにあります。しかし、研究室で勉強するうちに、意外とまじめだったり、しっかりとした考え方を持っていることを知り、自分の認識を改めることもよくあります。

こう考えれば、認知的節約のために最初はステレオタイプを採用しても、その後できちんと相手を知ろうとすれば心配ない話だね、となるでしょうか。難しく言えば、初期の自動処理システムが主導的に働く対人認知が、意識的な思考システム主体へと移行することで、正しく情報が評価されるようになるだろう、という考えです。

これは実感としてわかりやすい現象です。が、そこにも落とし穴があります。私が学生を見直したように、第一印象が新しい情報によって修正されて、相手のイメージが組み換えられることもあるでしょう。しかし、実際には、後からもたらされるさまざまな情報は、当初のステレオタイプをくつがえす作用だけでなく、たとえ第一印象が誤ったものであったとしても、かえってその誤りを強化してしまう作用をもたらしやすいのです。ここにも、無意識の「だまし」のシステムが関わっています。

認知的節約の原理に従って考えるなら、一般に、

①すでに持っている自分の知識や認識、スキーマといったものが、新たにもたらされた情

報によって「支持されること」と、

②逆に、既存の情報と矛盾する新たな情報にさらされて、自分の知識が「くつがえされること」とでは、

どちらが認知的に負荷が高く、リソースを要求する事態でしょうか？

これは②の方が、確実に負荷が高く、その矛盾を解消するために面倒な処理を引き起こすことに間違いありません。

初対面の時に、言葉遣いや服装から「狡猾《こうかつ》で悪そうなヤツ」と思った男がいたとしましょう。その男が、街中でお年寄りを親切そうに助けている場面を目撃しました。これだけのことにも、「意外といいヤツで、実はお年寄りに親切なんだ」と解釈は可能です。しかし、「親切ぶってそのお年寄りをだまそうとしている」という別の解釈があり得ます。そして、人が採用しやすいのは、「狡猾で親切」という矛盾する話よりも、「実際は悪人で、親切は下心あってのこと」というようなステレオタイプと矛盾しない一貫性の高い情報なのです。これならば余計なことを考えなくてもいいわけで、すなわち認知的に楽ができます。

この一貫性を保とうとする人の傾向はかなり強力で、そのために、私たちは「あいまい」でさまざまに解釈できる情報を、自分の予想と合致するように一方的に解釈して、安定した

認知を崩さないようにします。「あばたもえくぼ」という言葉があるように、一度相手に好意を持ってしまうと（すなわちその人に対してポジティブな対人スキーマを形成してしまうと）、普通なら欠点に見えることでも、その好意的なスキーマに沿って良い方へと解釈してしまうことに心当たりはないでしょうか。

これはいわば情報の質的な歪曲ですが、無意識は量的な選抜も行ないます。つまり、その相手の、さまざまな場面におけるさまざまな行動の中から、その自分の予想に合致したケースだけを強く認識します。たいていの人は、親切なことも、意地悪なことも、冷たいことも、暖かい行動も、さまざまな行動を取ります。その中から、自分の考えと一貫性を持つものだけが知覚され、その結果、さらに当初のステレオタイプが強化されるわけです。

私たちが、第一印象やステレオタイプに左右され、なかなか抜け出せないのは、こうした背景があるのです。この一貫した認知を作り出そうという傾向は「認知的一貫性の原理」とも呼ばれます。そして、人の記憶や思考など、さまざまな局面で、重要な影響力を持つことがわかっています。

血液型で人を判断するのは、日本人の思い込み

「ステレオタイプ的な見方」というのは、普通は、いわば「(いわれのない) 思い込み」という意味で受け取られます。おおよそ悪い意味で使われる言葉ですし、ステレオタイプでものを見ることが、社会人として好ましくない態度だということも知っています。にもかかわらず、私たちはステレオタイプ的な見方から逃れることはできません。ステレオタイプは、リソースを消費せずに、その相手をそれなりに、説得力をもってきれいに説明してくれるからです。いや、説得力をもった説明であるかのように、自らを「だまし」てくれるというべきかもしれません。

心理学や社会心理学がさかんに研究の対象としているのは、性別や人種によるステレオタイプです。本場アメリカでは、人種ステレオタイプが人種差別という重要かつ深刻な社会問題とつながっているという事情から、ステレオタイプの発生や成長、測定法などについて数多くの研究が積み重ねられています。

一方、最近、関連した本もベストセラーになるほど売れているようですが、日本独自のステレオタイプとして、日本の研究者の興味を集め、独特な発展を遂げたのが血液型による性格ステレオタイプ研究です。

ＡＢＯ式の血液型によって人の性格や相性を診断できるという考え方は、現在の日本社会にかなり受け入れられています。しかし、たとえばＢ型はひねくれているとか、ＡＢ型は二重人格的だとか、こうした主張には科学的に認められる十分な根拠はありません。現代の日本を代表する「ニセ科学」です。にもかかわらず、多くの日本人が血液型ステレオタイプを信じているのはなぜなのか？　それが心理学の関心事です。

その背景には、テレビや占い雑誌などの影響も考えられるでしょう。また、話題として役に立つ場面もあるという実用的な面での評価もあるでしょう。相手の人間性を素早くお手軽に理解しようという認知的節約の原理にとって、四分類で性格を言い切ってくれる血液型ステレオタイプは非常に有用というメリットもあります。しかし、人が血液型ステレオタイプを信じる最も大きな原因は、血液型による性格判断がよく当たるという「実感」だと考えられています。

あなたの身近な人で考えてみてください。Ｂ型の知り合いがいて、Ｂ型だからひねくれた考え方をするだろうなぁと思っていると、あにはからんや、世をすねた意見を吐いたりします。「やっぱりＢ型だからねぇ」と、自分の予想は事実によって裏付けられました。「あの人は人前では愛想がいいくせに、ウラでは悪口を言っている。きっとＡＢ型だよ」と思っていると、本当にAB型だったりします。いずれも、血液型ステレオタイプの予想は、しっかりと裏付けられ、血液型性格判断は正しい、という自分の信念は揺るぎないものになります（念のためですが、B型が特にひねくれているとか、AB型がうらおもてがあるという科学的な事実は確認されていません）。

さて、ここで「認知的一貫性の原理」を思い出してください。身の回りにあるたくさんの情報の中から、自分のスキーマと合致して一貫性のある情報を利用しようとする傾向がよく現れているのが、この血液型が「当たる」という実感です。

おそらく一人の人間の日々の行動の中には、素直なことも、おおらかなことも、ひねくれて見えることも、あらゆる要素が含まれているはずです。ここで、その人がB型だから「ひねくれているだろう」というステレオタイプ的な予断をもって、その様子を見るとすれば、無意識がピックアップするのは、おそらく「ひねくれた行動」ばかりでしょう。

ひねくれた行動が見あたらなければ、いろいろ深読みをして、見かけは素直なんだけれども性根はひねくれているんだよ、という解釈を引き起こしたりします。それらは、当初の「血液型で人を判断することができる」というステレオタイプを裏付け、血液型性格判断についての思いこみを、いよいよ強めることになるのです。

これまでも、多くの心理学者が、比較的きちんとした性格テスト手法に基づいて、血液型によって人の適性や行動に、血液型性格論者が言うような診断力のある差異が見いだせるのかどうかを研究しています。しかし、そこには、信頼性と再現性がある差異は見つかっていません。いわば、血液型で人を見分けることができるというのは、ただの「錯覚」だということなのです。この錯覚を生み出すのが、他ならぬ自分をだます無意識の情報処理システムだと言えます。

また、先に述べたように、社会心理学の諸研究は、白人が黒人などのマイノリティを差別する心理も、また女性が理不尽な偏見にさらされる心理についても、多くが、こうした人の情報処理の傾向性によって生み出され、強化されてきたことを明らかにしています。

三章　誰もが、自分に都合のよい「思い込み」をする

七割以上の人が「自分は平均以上」と思い込んでいる

前章では、私たちの「だまし」の情報処理システムは、大きくは「環境に適応する」という大目的を持って、「生存に有利であるように」と「資源を節約するように」という二つの原則のもとに働いていることを説明しました。

いよいよ第三の原則に入ります。

それは、心理学者ティモシー・ウィルソンの言葉を借りれば「私を気分よくするように情報を選択し、解釈し、評価しなさい」というものです*。

つまり、自らの無意識のシステムは、自分の価値を高めたり、肯定的で安定した自己像(自己スキーマ)を作り出すことを目指して働き、逆に、自己を否定するようなことや、心理的に不安定な状態につながることは極力避けようとするのです。ウィルソンは、この働きを、心理的な健康を脅かすものから自分を保護する「心の免疫システム」と呼びました。そして、この免疫システムも、認知的節約の原理と並んで、私たちの認知の実に多くの局面で働いており、具体的な行動や判断に強い影響を与えているのです。

この原則に基づいて歪んだ情報処理がなされ、私たち自身がまんまとだまされてしまう現象の代表が、「ポジティブ・イリュージョン」でした。

この現象の命名者である心理学者のシェリー・テイラーは、このイリュージョンを、前述のように次の三種類に分けています。

①自分自身を現実以上にポジティブにとらえること
②自分が外界に及ぼすコントロール力を、現実以上に大きいと考えること
③自分の将来に対する非現実的な楽観主義を持つこと

ここで、それぞれがどういう現象なのか見ていきましょう。

①は、心理学では「平均以上」効果と呼ばれる現象に見られます。

たとえば、「あなたは、職場の人たちの中で、自分の誠実さはどれくらいの位置にいると思いますか？　平均より上？　それとも下？」という調査をしたとします。

こうした調査では内心で思っていることをはっきり回答しない人もいると思います。しかし正直なところを聞き出せたとすれば、「自分は平均以上に誠実である」と考えている人は、私たちの半数を大きく上回るはずです。七割を超えてもおかしくありません。こんなに多くの人が「平均以上」ということは、現実にはあり得ません。ここには、客観的情報を歪めて

でも、自分自身を肯定的、積極的に認識しようとするシステムが働いています。

平均以上効果の研究は欧米では数多くなされていて、人間の評価に関わるあらゆる領域で確実に現れるとされています。たとえば、社会心理学者トーマス・ギロビッチは、こう述べています。一般大衆の大半は、自分が平均以上に知能が高く、平均以上に公平であり、平均以下の偏見しかもたず、そして平均以上に自動車の運転がうまいと考えている*。

ギロビッチによれば、アメリカの高校生に行った調査では七〇%が自分の指導力を平均以上と考えており、平均以下と考えていたのはわずか二%にすぎません。他人とうまくやっていく能力に至っては、ほとんどすべての高校生が自分は平均以上であると考えており、上位一〇%以内に入ると考えている高校生は六〇%もいたのです。大学教授を対象とした調査では、その九四%が、自分が同僚よりも有能だと考えていました。

この平均以上効果は、優れた人々ばかりが住む村を舞台としてベストセラーとなったアメリカの小説から、別名「レイク・ウォービゴン効果」とも呼ばれています。

次の②自分の外界に対するコントロール力を高く評価してしまう傾向というのは、別名「イリュージョン・オブ・コントロール（統制感の幻想）」と呼ばれます。これは、本来自分の力とは無関係なことであっても、自分の努力が、対象に影響を与えていると感じてしまうことです。

この現象は、ギャンブルのように、自分の実力と偶然が見分けにくい状況で典型的に観察されます。たとえば、ランダムに決まることに対しても、私たちは自分の力が介入できると考えるのです。ジンクスや縁起をかついだりして、サイコロのいい目が出ると考えるとすれば、それはイリュージョン・オブ・コントロールの現れだと言えるでしょう。

この幻想を測定する代表的な実験を紹介しましょう。まず、ボタンを押すと、必ずではないけれども一定の割合でランプが点灯する装置を使います。そして、被験者に一通り操作してもらった後、自分がどの程度そのライトの点灯をコントロールできていたのかを尋ねました。このランプの点灯装置は、ボタン押しとは全く無関係に点灯したり消えたりするもので、正確に判断できていれば「ボタン押しでは、コントロールできなかった」と評価されてしかるべきなのです。にもかかわらず、たいていの被験者は、自分がランプの点灯をある程度コントロールできたと報告したのでした。

また、この実験では、先に述べたような「うつ」傾向群と、「非うつ」傾向群の二群で、イリュージョンに違いがあるかも調べられました。その結果、「非うつ」の被験者が点灯を自力でコントロールできるという錯覚を持ったのに対し、「うつ」傾向の人たちは、自分のボタン押しは効果がないと正しく評価する傾向が見られました。予想どおり、イリュージョンは通常の人（非うつ者）に現れ、その一方で「うつ」者は自分の能力を過信せず、比較的正確にとらえていることが示されたのです。

こうしたイリュージョン・オブ・コントロールは、特別な装置を用いなくても、私たちの日常にも普通に見られます。たとえば「所有効果」とは、自分が関与したという理由だけで、対象の価値が上がったと考えてしまうことです。

アメリカで行なわれた実験では、被験者に宝クジを一ドルで買わせるのですが、たくさんあるクジの束の中から自分で一枚を選ぶ条件と、自分で選ばせずに実験者が一枚を選んで渡す条件を設けました。そして、いよいよ抽選が行なわれる前になって、実験者がその宝クジを被験者の言い値で買い戻そうと提案しました。そこで、被験者がいくらの値をつけるかで、その被験者が宝クジの価値をどう認識しているのかを知ろうとしたのです。

その結果、自分で選んだクジには、他人から割り当てられたクジの四倍以上の値をつけました。つまり、自分が選んだクジは、自分で選んだという理由だけで他のクジよりも当たりそうな気がしてしまうのです。これも自分のコントロール力が、本来は全く関係ないものにも及んでいると考えるイリュージョンの一種と考えられます。

ポジティブ・イリュージョンの③、将来に対する非現実的な楽観主義、というのは、人生において出くわす可能性のあるいろいろな出来事が、あなたの将来に起こる確率はどれくらいですか？　と質問したときに明らかになります。

たとえば、多くの人は、自分がアルコール依存症になるとか、自殺をはかるとか結婚後数年で離婚するといったネガティブな事件に見舞われるのは、他の人の半分くらいの確率しかないと認識していることが明らかになっています。その一方で、好きな職業に就くとか、持ち家を持つ、といったポジティブな出来事が自分に起こるのは、他の人の倍ぐらいはあると考えています。つまり、不幸なことは世の中には起こるのだろうが、それは他人の話であって自分は例外なのだ、という考え方を人はとりやすいのです。

ちょっとくらいお酒を飲んで運転しても自分だけは大丈夫だよ、とか考えたことはないですか。日本の交通事故の死者は年間六千人を超えます。田舎の小さな村レベルの人口が一つ消え去っている勘定になるほど危険な現実があるわけですが、毎日のように運転している人にとっては、自分は大丈夫だと思いこんでいないでしょうか。そのくせ、宝くじを買うと、一等が当たったらどうしようなどと思い描いたりします。しかし、宝くじで一等が当たる確率は交通事故死の確率よりもかなり低いことは、おそらく間違いありません。

なぜ都合のよい「思い込み」が起こるのか？

人はいかに自分に都合よく物事を考えがちか、ということをポジティブ・イリュージョンは示しています。こうした現象は、どんな心理メカニズムで作り出されるのでしょうか。

素直に考えると、人は誰でも自分をポジティブに考えたがる、そういう「欲求を持っている」から、というシンプルな説明ができそうです。つまり、私たちが「自分は平均よりも有能で、まわりに影響力があって、将来にいいことがある」と考えたがる欲求・動機を持つことに原因を求める考え方です。

まあ、かなり当たり前の解釈なのですが、この考え方によれば、ポジティブ・イリュージョンは心理学用語で言うところの「自己高揚動機《じここうようどうき》」によって生み出されることになります。自己高揚動機には、自分を肯定的にとらえ自尊心を高めようとする傾向と、否定的な出来事から自分を守ろうとする自己防衛傾向の二つの傾向が含まれますが、ここではそれらをまとめて扱います。

結論から言えば、人は誰でも基本的に自己高揚動機を持っており、これが、ポジティブ・

イリュージョンや、これに関わる心の働きの基本となっていることは間違いありません。人生を前向きに生きていこうとする限り、人はこうした本能的な指向性を備えています。自己高揚動機を、人の最も基本的で重要な動機だと考える研究者もいるほどです。（ただそれがストレートに表明されるかは別の問題で、これは後に詳しく考えます）

しかし、こうした動機論だけですべて説明がつくわけではありません。「自分が優れていると思いたい」という欲求があるからといって、全く事実ではないことを、そう簡単に思いこんだりできるのでしょうか？

「平均以上効果」を例に考えましょう。いくら自分が学校の成績が良いと思いたくても、現実に成績が最下位だという客観的な証拠が出てしまえば、これは動かすことができない事実ではないでしょうか。

イリュージョンではこの「証拠」の扱いに鍵があります。客観的な証拠に基づいてきちんと考えた結果、自分は平均レベル以上であると、ある程度、合理的に推論するシステムがここには働いているのです。

たとえば、あるサラリーマン氏が「自分はこの会社の中で、同僚よりも優秀な人材なのだろうか？」と、考えたとします。彼は冷静な人物ですので、自分を甘く評価することなく、実際の姿をきちんととらえようと考えています。

ですから、判断を厳正に行なおうとすればするほど、客観的な証拠となる材料・情報が必要になります。そこで、自分や同僚が実際にどの程度の仕事っぷりを見せているのか、日々の状況をよく観察したり、記憶に残る出来事をあれこれ思い出したりして、客観的な「事実」を収集していきます。

こうして取りそろえた「事実」という証拠をもとに、彼の意識システムは、理性的で公平な判断を行なった結果、「確かに」自分の方が同僚より優れているという安心できる結論を得ることができるわけです。

自分を過大評価してしまう人は、どこでまちがえるのか

本当に人並み以上に優秀な人ならば、これで問題は何もありません。しかし、実際にはそうでない人でも、自分は平均以上に仕事ができると判断してしまうのが「平均以上効果」でした。自分を過大に判断した人はどこでまちがえてしまったのでしょうか。ここまで述べてきた無意識の情報処理の働きからすでにおわかりのように、この「だまし」を生み出す材料は、曖昧な状況や、たくさんのエピソードの中から、判断の根拠となる情報を集める際に仕込まれています。すなわち、無意識のシステムが、現実の情報を巧みに選抜・修正・歪曲して、意識が納得できる材料を取りそろえてしまうのです。

仕事にはたくさんの人が関わり、さまざまな行動をとり、多種多様な出来事に遭遇するはずです。しかし、自分を評価するとき、これらすべての情報を利用できるわけではありません。リソースの限界から、特に目立ついくつかの根拠情報をもとに判断を下さざるを得ません。つまり、証拠となるのは、周囲の情報の中から、自分自身が重要と判断して、選抜した情報になります。

そして、この過程の中では、自分に都合の悪い情報は「自動的に」歪められ、軽視され、良いことばかりがピックアップされます。これは、先に血液型ステレオタイプの場合に、曖昧で多様な人の行動の中から、血液型判断に合致した特徴を見つけ出すとして説明した構図とほぼ同じです。

たとえば、営業成績とか売上高といった数値が平均以下であるという事実を冷徹に告げているとしましょう。それに従えば、自分は「有能ではない」が正しい判断です。しかし、仕事を円滑に運ぶための能力というのは、こうした成績にだけ現れるのでしょうか？　ここで、あなたの無意識は、「自分こそ有能なのである」という一貫した客観的情報を求めて、フル回転します。

・確かに営業成績は悪いが、新入社員の指導を誰よりも熱心にやった。それは数値に表れないけれども、今年の新人はみな優秀に育った。こんなことは他の人にはできないだろう。
・普段の評定はともかく、重大トラブルを私が処理したから、会社の決定的な危機が救われたではないか。これでお釣りが来るくらいだ。
・上司のグチをいつも聞き、部下からの突き上げはなだめ、こんな目立たない中間管理職の私がいるから、会社組織が円滑に動くのだ。
・あいつは、数字だけ見れば成績はトップだけれども、私たちのバックアップがあってはじめて取れた数字なのだ。

このように、自分の体験を総ざらいしてみれば、自分の有能さを裏付け、「自分は会社になくてはならない人間である」という仮説を支持する具体的な証拠エピソードはいくつか見つけ出すことができます。もちろん、これに反する情報も豊富に存在するのですが、有能かどうかという基準自体が「あいまい」であり、評価するべき出来事も、評価の方法も、自分でそれなりにアレンジできることを考えてください。

ユリウス・カエサルの語録に、「人は、自分の望んでいることを信じる」という名言があります。そのとおり、人は自分が見たいと思っていることが見えるのです。なにも、ありもしなかった案件をでっち上げる必要はないのです。たとえば、自分の評価にとってネガティブな出来事の重要性をちょっと低く、頻度も少なめに見積もり、逆に自分が活躍した出来事は、会社にとって死命を制するような重要な案件だったと、ほんのちょっとだけ無意識が注目点を変えてみればいいだけなのです。しかも、成功事案は自分の努力のおかげで、失敗は避けられないアクシデントだったと考えてしまう傾向には、後述しますが、それなりの必然的な理由があります。

情報操作の専門家スピン・ドクターとは？

このように、自分にとって都合がよいように事実を選抜したり歪めたりする情報処理の偏向性は、別名「自己奉仕バイアス（セルフ・サービング・バイアス）」と呼ばれます。このおかげで、私たちは自分が優れた価値ある人間だというイリュージョンを作り出し続けることができるのです。注意していただきたいのは、ここで作り出されたイリュージョンは、無から捏造されたのではなく、もともとあった知覚や記憶に巧みに手が加えられたものである点です。

これに対して、最近の心理学の研究では、偽記憶《フォールス・メモリ》という、実際にはなかったことの記憶が、現実に体験したかのように作り上げられる現象も知られています。また、病的な虚言の場合にも、完全なウソがでっち上げられます。

しかし、私たちの日常の中で起こる自己奉仕的な認知の歪みでは、そのタネとなるものは一応はちゃんと存在しているケースが大部分です。無意識の情報処理は、それらをもとに、ちょっとだけ歪ませ、一部にだけスポットライトを当て、残りをさりげなく隠します。こうして、あくまでも「事実」に忠実なふりをして、自分に都合がいい情報を、あなたの意識に報告し続けるのです。

この適応的無意識のそぶりを、前出のウィルソンは、「スピン・ドクター」と表現しています。「スピン」とはアメリカの俗語で、マスコミを通じて政治的な主張をするときなどに、特定の意見の正しさを保証するように、世論のパーセンテージや、社会調査の数字を巧みに歪めて解釈する行為です。これも、ありもしない数字をでっち上げるのではなく、基本的に正しい数字をもとにします。しかし、どこに着目するのか、何を省略するのか、もしくは何と比較するのか、などを巧みにアレンジすると、その結論は恣意的に操ることができるのです。

社会学者のジョエル・ベストは「コップは、半分水が入っているとも、半分空《から》だとも見ることができる。スピン次第だ」と述べています[*]。何かの政治的テーマに五五％が賛成したという調査結果があったとき、過半数が賛成しているとも、半数近くが反対しているとも主張することはできるわけです。

現実の世論調査では、さまざまな前提条件の下で複雑な数値がはじき出されますから、目の付けどころ次第で、自在にスピンできる余地があります。そして、そうした能力に長《た》け、テレビのコメンテーターとして活躍している人たちがスピン・ドクターと呼ばれています。彼らは、ボールにスピンを与えてカーブさせるように、もとからある事実を少々曲げて（スピンさせて）、巧みに自分に有利なものに変えてしまう情報操作の専門家です。

このスピンという言葉は、語感もいいので本書でもこれから使っていきましょう。スピン・ドクターはマスメディアにだけいるのではありません。私たちの認知システムの中には熟練したスピン・ドクターがいます。御用学者が政府の政策を肯定するために情報をスピンして大衆に伝えるように、私たちの認知システムも、ある時は自尊心を維持し自己評価を低下させないように、またある時は認知的な一貫性を維持させるために、曖昧な情報の注目点を変え、評価軸も変更し、一部を歪めたり無視したりして意識へと伝えてきます。こうした働きのほとんどは、私たちが自覚しないうちに自動的に行なわれているのです。

予選落ちしたスポーツ選手の自己欺瞞《ぎまん》

このように人は自己高揚の動機だけあったとしても、なかなか自分を完全にだますことはできません。私たちの判断はある程度は論理的であって、裏付けのないただの願望と、証拠のある事実をきちんと見分けることができます。つまり、いかに動機づけられていても、証拠に基づいて判断を下す合理的な精神を人は基本的に備えているのです。

この特徴を、人は「素朴な科学者」だと表現することがあります。しかし、あくまでも「素朴な」科学者であって、本当の科学研究のような精緻さや体系性はありません。ですから、一見、合理的と思える判断でも、自分の無意識が行った自己奉仕的な情報のスピンに見事にだまされてしまうのです。

たとえば陸上競技の記録のように客観的な数値で文句がつけようがない順位が出てしまっても枠組みさえ変えれば、結論は変えることができるのです。

タイムが全く及ばず予選落ちした選手でも、このタイムは将来性が十分にある、とか、一年前に比べれば順調に伸びているとか、このコンディションでこのタイムなら十分だ、とか、有名な選手よりも上のタイムだとか…。

成績が悪いことを示す記録を根拠にしても、解釈を変えることで、いくつものポジティブな見通しを引き出すことができるのです。この「だまし」が、落ち込んでいる選手にとって、適応的な意味を持つことは言うまでもありません。

客観的なタイムが一番重要な意味を持つ競技ですら、「だまし」が可能なのですから、チームや会社という集団が関わり、記録以外のさまざまな評価基準のある世界（つまり、私たちの日常社会）では、無意識のシステムは、実にたやすく、自己高揚動機を満たす「客観的な証拠」を発見できます。動機だけでなく、こうした証拠があるからこそ、私たちの意識は安心して「だまされる」ことができるのです。

同じことをしても外見で受け取られ方が違う

それのみか、ほんの少し情報をスピンさせるだけで、同じことを全く正反対にとらえることすらできます。完全に逆転するというのは、ちょっと意外かもしれませんが、私たちの日常でもよく見られる現象です。

『さよなら　絶望先生』という久米田康治《くめたこうじ》氏の傑作マンガをご存じでしょうか？　主人公の糸色望《いとしきのぞむ》（糸と色を横書きで読んでみてください）は、物事をなんでもネガティブにしかとらえられない男です。何かというと、「絶望したー！」が口癖です。そんな彼が、物事を何でもポジティブにしかとらえられない少女と出会う屈指の名シーンから物語は始まります。

この二人は同じものを見ていながら、全く逆にとらえます。絶望先生から見ると粘着質のストーカーに見える男が、少女にはまっすぐで一途な純愛と見えます。以下、ことごとく、「いらない人間」は「フリーエージェント」に、「気持ち悪いもの」は「キモカワイイ」に。先生が絶望のあまり首を吊ろうとすると、あまつさえ、少女には身長を伸ばそうとしていたように見えるのです。世の中をクリティカルに考えようという志向のある人にはたまらないマンガと思いますが……まあ、ちょっと極端なので、一般的な例も挙げましょう。

哲学者の土屋賢二《つちやけんじ》氏は、そのシニカルな観察眼を一流のユーモアとして表現することで知られており、私も氏のエッセイの大ファンなのですが、彼は『われ笑う、ゆえにわれあり』*の中で、次のように書いています。

たとえば、女が困ったときに、助けようとした男がいたとしよう。この同じ行為に対して「親切な人」と思われる男もいれば、「親切ごかしに、つけいろうとしていやらしい」と言われる男もいるのである。この場合、「親切」と「親切ごかし」は見た目で区別されるのだ。同様に女に何かを教えても「教養がある」といって好かれるか、「知ったかぶりをする」と言って嫌われるかは、外見によって決まるのだ。他にも同種のものは数多くある。

外見のいい男

決断力がある
ファッションのセンスがいい
頭がいい
ユーモアのセンスがある
他人にふりまわされない
おおらかな
やさしい

外見の悪い男

軽率な
かっこばかり気をつかう
頭でっかちの
不真面目な
がんこな
無神経な
女の腐ったような

大人の	年寄り臭い
少年らしい	子供じみている
いい人	人はいい
まじめな	カタブツの
繊細な	神経質な
自分の考えを持っている	わがままな

一般的な例と言いながらひねくれすぎだ、とか責めないでください。良いも悪いも、手のひらを返したように、変わってしまう。これを読んで、私は思わず「そのとおり！」という魂の叫びを止めることはできませんでした。少年のような純粋な心を失わないというほめ言葉は、一瞬で子どもじみたバカに変わります。そういう理不尽な思い出がある人は、おそらく私だけではありますまい。

これこそが、認知の枠組みとしての「男の外見」スキーマです。客観的な現実が全く同じものであっても、情報を受け取る人のスキーマ次第で、その認知が劇的に変わってしまう好例なのです。

「こじつけ」こそ、高度な情報リテラシー

見方を変えることで世界の見え方が変わってしまうことは、ともすると「こじつけ」であるとか「詭弁《きべん》」「いいかげんな自己欺瞞」として、あまり好意的には見られません。悪かった結果をよいものだと解釈したところで、つまりは、そんなことをしても本質的なところは何も変わらないじゃないか、という批判もあります。

ですが、こうした見方の変換を適切に使いこなすことは、情報のスピンのあり方を自分で巧みにコントロールしているという意味で、高度な「だまし」のリテラシー能力の一つです。

たとえば、先に説明した「うつ」に対する「認知療法」では、とらえ方次第で現実の見え方が変わってしまうことを利用して、抑うつ者の現実認識をよりポジティブな方へと変えていく手法が使われます。一例を挙げますと、抑うつに苦しんでいる人が、日々の自分の行動や思考内容を記録して行き、これをもとに、治療者と協同しながら、ネガティブな出来事を別の解釈からポジティブにとらえなおしてみるという作業が行なわれます。これによって、自分が思いこんでいることでも別解釈がある可能性を知り、ものの見方や考え方を修正し、やがて「うつ」からの脱出の手掛かりを得ることができるのです。

また、本質は変わらないという批判に対し、精神科医の和田秀樹《わだひでき》氏はこう答えています。

「本質的な解決」は現実問題としてとてもむずかしいものです。時間がかかるし、解決できるかもわかりません。むしろ「本質的な解決」をめざして堂々巡りするよりも、とりあえず暗い気持ちが明るくなればそれでいいのです。自己暗示によって少しでも「いいこと」に気がつけば、それがきっかけとなって周囲に「いいこと」が増えていきますから、人間は劇的に変わることもありうるのです*。

また、こうした柔軟な解釈の転換は、落ち込んだ人にとってだけ重要なことではありません。それはすなわち、現実に新たな切り口を創造することにつながります。ですから、批判的思考《クリティカルシンキング》やＥＱ（心の知能指数）といった実践的な思考能力にとっても、大切な要素と考えられます。さらには科学的発見や、芸術作品の誕生にまで関わる「創造性」の重要な基盤にもなるのです。

南の島へ派遣された二人のセールスマンの話

創造性という概念を定義したり測定することは非常に困難ですが、その一面を測ることは可能だと考えられています。心理学の研究で用いる「創造性検査」の中には、「一つのものの別の用途をできるだけたくさん考えてみる」というテストがあります。たとえば「『辞書』の用途を考えてください」と問い、まくら・漬け物石・タバコを作る…といった具合に考えて、その発想の数と非凡さを評価するようなテストです。

こうした、視点の変換が新しいものの創造につながることは、日々の仕事の現場でも同じです。出典は忘れましたが、結構気に入っている話に次のようなものがあります。

南の島に住む人々に靴を売り込もうと、二人のセールスマンが派遣されました。一人が戻ってきて報告しました。

「全く売れる見込みはありません。島の人たちは、誰も靴を履くという習慣がないのです」

もう一人も戻ってきて報告しました。

「すごいマーケットです。なにせ一人もまだ靴を履いていないのですから」

どちらが「正しい」のかは、実はわかりません。ビジネス研修などでは後者のようなポジティブな発想が大切だという例になりがちな話ですが、クリティカルに考えれば相手の習慣を無視して売り込んでうまくいくとは限りません。あえて言うなら、後者の考え方が、大きなブレークスルーをもたらす可能性はあります。いずれの結果になるかはともかく、この小話も視点を変えてみるという情報のスピン次第で解釈が全く変わる好例です。

無意識の情報処理の働きから考えると、後者のセールスマンは、つねに売り上げのアップやマーケットの拡大に焦点化したスキーマで世界を知覚しているのでしょう。前者は、同じ現実を見ても、おそらく「無駄な事業にコストを投入しない」という「守り」の枠組みでとらえた結果とも言えます。

なぜ全米歴代一位が、いくつもあるのか？

ロードショー公開されるハリウッド映画の数々に、ごく頻繁に「全米歴代一位の興行収入記録を樹立」という宣伝文句を見ることがありませんか？

まあ、全米歴代一位興収を達成するほどの評価の高い映画であれば、ひとつ見てみようか、となるわけですが、やたらと「全米歴代一位」が多いと思いませんか？　歴代記録はそう何度も書き換えられているのでしょうか？

そうではありません。この歴代興収ナンバーワンという謳《うた》い文句の脇に極小の文字で書かれたただし書きを見てください。「公開一週間興収で」「週末公開映画としては」「歴代女性映画としては」から、「火曜日公開映画としては」「週末興行記録としては」といったものまで、あらゆる種類の「歴代全米映画ナンバーワンの興行収入」を見つけ出すことができるでしょう。こういった巧みな視点の変換によって、凡庸な映画が、大評判の名作という名声を手にすることができるわけです。

人の無意識の情報処理も、こうした評価基準の自分勝手な変更を自動的にやっています。

その一つの実験例を見てみます。まず、人間のさまざまな能力・特性の中で、何が世間一般に重要だと考えられているのかを調査したとします。たとえば、「社交性」「まじめさ」「知的能力」「リーダーシップ」「自己管理能力」「忍耐強さ」「謙虚さ」「元気の良さ」といった特性の中で、あなたはどんな項目が社会にとって重要だと思うでしょうか？

実際に調査してみれば、年齢や職業などによって重視される要素は、ある程度異なってくると思います。しかし、面白いことに共通して見られる傾向があるのです。たとえば「社交性」こそ、社会を生きていく上で一般的に重要な能力であると答えた人は、どのような人だったでしょうか。そう、自分が社交的だと認識している人たちでした。「知的能力が重要だ」とした人は、自分自身の知的能力に自信があった人たちなのです。つまり、人は自分にあてはまることこそ、周囲の人にとっても重要性が高いと解釈していました。

このように評価の基準になる枠組み自体を変えてしまうという手は、実にうまい目のつけどころです。なぜなら、自分の能力それ自体を、不自然に誇大に評価する必要がないからです。それでいて、結果として自然に自分自身の価値をより高めることができるのです。

そして、この重要だと思う特性の選択実験でも、「抑うつ」傾向のある人は、やはり現実を公平にとらえ、自分に有利なように能力の評価を偏向させたりしませんでした。「抑うつ」者は現実主義者《リアリスト》であり、普通の人たちこそ、情報をスピンさせて自分をだましているのだということは、こんな実験からも確かめられるのです。

情報スピンが精神的健康に貢献するということは、別の研究からも推測されます。たとえば、世の中には、ギリギリした厳しいストレスにさらされたり、ショッキングな出来事に出会っても、うつ状態に陥らなかったり、容易に抑うつから回復できる強靭な精神の持ち主もいることが知られています。

「自己複雑性」理論によれば、こうした人は自分自身に関する知識が非常に多くの側面で構成されており、それぞれが分化している人だと考えられます。つまり、複雑性が高い人は、その複雑性を利用して、ストレスフルな環境下でも、自分の感情をきちんとコントロールできるというのです。

逆に、自分についての知識がより少ない側面だけに依存するような人は、単純な自己の持ち主だと考えられます。何か一つのことに打ち込む姿は美しいものですが、その単純な自己がストレスにさらされると、逃げ場がないがゆえに深刻な事態を招きかねません。

たとえば、会社一筋で生きてきた仕事人間は、自分自身を「企業戦士としての自分」にのみ置きがちです。他にさまざまな自分の側面を持っていなければ、その人の自己は複雑性が低い状態にあることになります。であれば、その企業戦士がストレスにさらされたとき、自己は逃げ場を失います。

高い自己複雑性を持っている人、たとえば「趣味人」としての自分、「家庭人」としての自分、「地域社会の一員」としての自分、「ボランティア」としての自分など、自分を位置づけられる多様な側面があれば、これらがストレスからの緩衝帯になると考えられます。そのため、自己複雑性の高い人はストレスに強いというのが、この理論の考え方です。

このモデルをだましの情報スピンという見方でとらえ直すと、自己に多様な側面があれば、それは自己奉仕的なスピンを行う余地がたくさんあるということになります。いわば、仕事の失敗は、家庭人の自分にとっては大きな問題ではない、とか。勉強でうだつが上がらなくても、同人誌サークルでは大スターとか。

ただ、こうした複雑な自己を持っていたとしても、それらの各側面がネガティブな要素として緊密につながっている（ネガティブ・スキーマが精緻化されている）と、一つの失敗に対する緩衝帯にならず、「自分は何をやってもだめだ」というネガティブな評価のドミノ倒しのような現象も起こるかもしれません。ここでも、うまくだましをコントロールすることが問われることになります。

本書冒頭で述べたように、現在の日本では、仕事一筋で生きてきた働き盛りの企業人が、仕事上のストレスにさらされ「うつ」に陥る例が増えています。自己がシンプルで単純であればあるほど、それは仕事に打ち込んでいるということでもありますが、必然的に緩衝帯である自分をだます余地が少なくなるということもぜひ憶えておいてください。

また、ここでぜひ書いておきたいことがあります。この本の中で「うつの現実主義」についてポジティブ・イリュージョンやセルフ・サービング・バイアスをはじめいくつかの考え方を紹介していますが、これをもって「うつ病」の全体像がすべて理解できるとは思わないでほしいということです。「うつ病は生まじめだからなるんだね」といった単純化されたとらえ方は、ステレオタイプ的認知の一例でこそあれ、適切な表現とは言えません。

「うつ病」が、現代の日本社会にとって深刻な問題であり、「うつ病」に対する誤った思い込みが蔓延していることも事実です。実際にあなたや、身の回りの人が「うつ病」に直面したときには、一般的な心理学的実験から言えることとはレベルの全く違う事態が発生します。素人判断は避け、専門的な精神医療機関に相談されることを忘れないでください。

自分のマナーは平均以上だという思い込み

さて、抑うつの問題は別として、あなたが自己奉仕的《セルフ・サービング》な情報のスピンを嫌って、状況を正しく観察して、正確に自分の姿をとらえようと心がけているとします。人には「自己高揚動機」だけでなく、自分自身の正確な姿をとらえようという「自己査定動機」と呼ばれるものも存在します。そのため、人は入試の前に模擬テストを受けて、悪い結果は見たくないと思いながら（自己高揚動機）、とにかく自分のレベルを正確に知ろう（自己査定動機）とするわけです。

ただ、自己奉仕的な情報処理というのは、心がけたくらいでは押さえ込むことができません。いかに冷静に観察して客観的に自分の能力を把握しようとしても、中途半端な観察では、かえってもろにだまされてしまいます。

おそらく本書読者の過半数は「自分は、他の人より公共マナーがよい人間だ」と思っていると推測できます。これは「平均以上効果」ですね。おそらく、あなたも、です。

この思い込みが、観察から合理的に生まれるプロセスを考えてみましょう。

実は、身の回りを観察すれば、誰もが他人のマナーの悪さをしばしば目にし、それに引きかえ自分はなんとマナーのいい人間だろうと実感できるはずなのです。

都会の雑踏を歩いてみてください。そこには、違法駐車あり、歩きタバコあり、ごみのポイ捨てあり、自転車で歩道を走り抜ける人あり、とマナーを心得ない人はいくらでも見つかります。電車に乗れば、足を投げ出す、化粧はする、大声で騒ぐ、携帯電話の電源をお切りくださいと言われているのにメールを打つ、そんなシーンはしょっちゅう目にします。

日本民営鉄道協会の調査では、電車や駅で一番迷惑に感じる行為は「座席の座り方」が四年連続のトップだそうです。トップテンには、「携帯電話の使用」「ヘッドホンステレオの音漏れ」「泥酔状態での乗車」「荷物の持ち方・置き方」「女性の化粧」などが入ったそうですが、こうしたものを目撃すること自体、「世の中の人は公共マナーが悪い」という仮説を裏付ける証拠となりえます。

その一方で、世の中にはマナーのいい人はいないのでしょうか？　いるのです。いや、ほとんどの人はマナーがいいのだと思います。しかし、マナーのよさが「観察される」ことは、悪い行動が観察されるのにくらべて圧倒的に少ないのです。

マナーがいい行動というのは、たいていの場合、当たり前の状態で目立つことはありません。つまり、「ゴミをポイ捨てしなかった」とか「大声で騒がなかった」「化粧をしていなかった」というのはすべて「なかった」状態です。

それは、ごく普段どおりの状態であって、特別のことではありません。電車で隣に乗った人が、ペースメーカーを使っている人に配慮して「メールを打ちたいのだが、ここでは電源はいれないようにしよう」とか「騒ぎたいのだけれども、黙っていよう」と考えているなど と、普通は思い及ぶことはないでしょう。他人のマナーの悪さは行動から簡単に観察されますが、マナーのよさは、はるかに目立たないのです。マナーのよさが目立つのは、お年寄りに席を譲る、といった具体的な行動に出る場合くらいでしょうか。

この非対称な事態を毎日のように観察することで、世の中にはマナーを守らない人が数多くいるという客観的な証拠を、あなたは入手しました。そして、こうした人々にくらべて、自分はなんとマナーがいいのだ！　という実感をあなたは持つはずです。なぜなら、たとえば「電車の中でメールを打つのを我慢していた」というような行動は、自分だけにはわかるからです。

　そして、自分のマナーが悪かったとしても、その事実は自分では気がつかないことが圧倒的に多いことを忘れてはなりません。電車で居眠りをして足を投げ出したりしても、眠っていれば気がつきませんね。ヘッドホンの音漏れも、他の人に邪魔になる荷物の持ち方も、それが他人に迷惑をかけていることは、他人にはわかっても、自分では非常に気がつきにくいことです（気がつけば、改めています）。

　それだけでなく、公共マナーが悪いという概念は、人によって解釈の幅があります。たとえば、雑踏で歩きタバコをしてはばからないというのは、自分では「この程度は公共マナーに反しない」と考えているからでしょう。周囲の人から見ればえらい迷惑なのですが、自分は許容範囲だと思っているのでしょう。ひょっとすると、「携帯灰皿を使っている自分は、なんとマナーに気をつかっているのだろう」くらいのポジティブな認識を持っているかもしれません。

　さて、ここであなたは、自分自身はマナー違反をしない人間だという証拠も入手しました。世の中には公共マナーの悪い人がたくさんいるのは厳然たる事実である（そういう人を数多く見かけるという証拠がある）。一方で、私はなんと公共マナーをよく守る人間なのだろう（本当にマナー違反をするようなことはない―実は自覚していない）。公平な観察から得られたこれらの証拠から、論理的に推論した結果は容易に想像できます。

私の失敗は仕方ない、誰かの失敗は「たるんでいる」から

このように、行動している本人の立場とそれを見ている人の立場では、入手できる情報が違うため、現象のとらえ方が違います。ここに起因する錯誤は「行為者―観察者効果」という名前で知られています。

この働きによって、私たちは自分にとって都合のいい情報処理を正当化することができます。たとえば、自分が成功したり手柄を立てたことは、自分の努力などのおかげであり、自分の失敗はアクシデントや不測の事態など、他からの原因のせいにできます。逆に他人の失敗は、その人の能力不足や性格のだらしなさが原因とされやすくなります。

たとえば頻繁に遅刻してくる若い社員がいるとしましょう。会社で彼を待ち受けている側（観察側）からは、こうもしばしば遅刻して、注意しても改まらないのだから、彼のだらしなさが遅刻という失敗の原因だと思えるはずです。しかし、遅刻する彼には、それぞれの遅刻がやむを得ない原因であることが見えています。

たとえば、満員のバスに乗り切れない状況がしばしば起こるとか、子どもを保育園に送らなければならないから、とか個々の遅刻それぞれの外的な原因を知っています。そのため、遅刻の連発という失敗によっても、それが自分自身の価値が下がるような深刻な打撃を受けません。他の「自分のせいではない」原因のせいにできるからです。しかし、周囲の観察者からは、やむを得ない原因が見えておらず、彼の人間性自体に問題があるという烙印を押されてしまうことになります。

この本を読むことになった原因は何ですか?

このような現象は、人の立場や見方によって、物事の「原因」が変わってしまう一つの例です。何かのプロジェクトが失敗したとか、人間関係がうまくいかないとか、はては社会的な現象から事件・事故まで、何らかの「出来事」があった時、その「原因」を一つに決定するのは、容易なことではありません。

それは、たいていの事件はたくさんの物事が複合して起こるという理由だけでなく、たくさんの原因の中から、真の「原因」を特定するのは、人の心理の働きなのだという点に原因特定の複雑さがあるのです。

原因を何かに特定するプロセスのことを、心理学では「原因帰属」の問題と呼び、意外かもしれませんが、社会心理学の教科書には重要事項として記載されているほどの大切なテーマなのです。

ここで基本に立ちかえれば原因とは結果を引き起こすものに他なりません。そして一般には、「それがなければ、結果は起こらなかった」といえるものが「原因」だと認識されます。これは厳密には、それが欠けると現象が起こらないという意味で「必要原因」と呼ばれます。

古いケーキを食べたのが食中毒の原因だというのであれば、食べなければ食中毒は起こらないことを意味します。徹夜したのが居眠りの原因だというなら、徹夜しなければ居眠りはしなかったことになります。徹夜しないのに居眠りをしたら、この場合、徹夜を原因にはできませんね。

では、あなたが、「この本を読む」という行動をとった原因は何でしょうか？　おそらく「たまたま手に取ったから」「ひまつぶしに手頃そうだから」というのが行動の原因かもしれません。ありがたいことに「この本が面白そうだったから」というのを原因と答えてくださる人もいるでしょう。

これらは、すべて原因になります。しかし、「それがなければ、この本は読まなかった」ことを「原因」とするなら、おそらく原因は無限にあります。「あなたがこの本を見つけたこと」「日本語で書かれていて、あなたが日本語を読めたこと」「この本が出版されたこと」「私がこの本を書いたこと」「この原稿がボツにならなかったこと」——極端な言い方をすれば「紙が存在すること」「本屋が存在すること」なども原因になってしまうのです。

なぜなら、これらが一つでも欠ければ、あなたはこの本を読めないからです。その意味で、これらは、すべて、「必要原因」なのです。そして、必要原因がすべて揃ったことで結果が引き起こされるというのも、「原因」の一つの考え方です。これは「十分原因」と呼ばれるものです。

ここで、私は「原因」という概念の定義をもてあそんで煙に巻こうとしているのではありません。ともかくも、一見単純そうな出来事であっても、その原因（必要原因）というのは数限りなく考えられるという点、そして、それらの中から、人間は自分の認知の枠組み（スキーマ）に従って、一つの（ないし少数の）目立つ出来事を、主たる「原因」だと考える、すなわち原因帰属を行なうということなのです。だからこそ、原因の決定は、人間の内的・心理的な問題としてとらえられるわけです。

夫婦が離婚する最大の「原因」は？

二〇〇五年四月に起こったＪＲ福知山線脱線事故は、一〇〇名を超える犠牲者を出した惨事として記憶に残っていることと思います。不幸にも、この事故で亡くなった方をＡさんとしましょう。このＡさんはなぜ亡くなったのでしょうか？　その「原因」は何なのでしょうか？

ふつうに考えれば、「列車が制限時速を超えてカーブに突っ込んで脱線したから」ということになるでしょう。航空鉄道事故調査委員会が出した報告書が特定した原因もまさにこれで、事故の直接原因と言えます。

もちろん「脱線した」のは事実ですが、鉄道事故の専門家であれば、その脱線を引き起こしたものとして「自動列車制御装置がついていなかったこと」を原因とするでしょう。さらに、企業の責任に着目すれば「ＪＲ西日本が自動列車制御装置の取り付けを怠ったこと」が原因になります。また、労働問題に関心のある人なら「運転手を追い詰めて、スピード違反をさせてしまったＪＲの体質が原因」とするかもしれませんし、そもそも「一分でも遅れることを許せない日本人の特質」こそ根本原因と考えることもできるのです。

さらに同じ電車に乗っていても助かった人がいるわけですから、Ａさんが亡くなった直接原因に絞るなら「脱線車両の一両目に乗っていたこと」「ふだんとは一本違った電車に乗ってしまったこと」などが原因になるかもしれません。

当然、裁判ではこれらの中から、法律に照らして最も責任の重いものを「原因」として特定するでしょう。ただ、「それがなければ事故が起こらなかった」という、あくまで理論上の話として突き詰めていけば、極端に言ってしまえば、列車が走っていたこと、カーブがあったことまで事故の原因候補になるのです。

日常生活でたえず起こっているさまざまな出来事の原因帰属は、法律的判断ではなく心理的なプロセスによって行なわれます。原因候補となる無数の出来事の中から、自分自身の無意識が目立つ情報を選抜し、時には歪めて「原因」に特定していくのです。

ちなみに、

「結婚は離婚の一番の原因。統計的には離婚の一〇〇％は結婚に始まる」

この言葉を「何それ？」と聞く人もいれば、深く同意する人もいるでしょう。この違いこそが、原因帰属に人それぞれのスキーマが関わっていることを示しています。

無力感を覚えたイヌは、逃げようとさえしなくなる

もう一度、原因帰属という観点からストレスに強い人の特徴を考えてみましょう。

心理学者マーティン・セリグマンが行った「学習性無力感」の実験は、少々詳しい心理学の教科書であればたいてい載っているくらい有名なものです。セリグマンらは、イヌに電撃でストレスを与える実験を行って、人が無力感に陥っていくプロセスを調べようとしました。この実験室に連れてこられたイヌたちは、痛みを伴う電撃ショックを受けるのですが、一つのグループのイヌたちは、電撃が来ても、自分の鼻でパネルを押すことで電撃を止めることができます。

一方、別のグループのイヌたちは、同じように電撃を受けたとき、何をしても自分ではそのショックを止められないようになっています。このような状態でしばらくイヌたちは電撃というストレスを経験します。すると前者のグループのイヌたちは、試行錯誤の末、自分で電撃を止めることを憶えましたが、後者は何をしても無駄なので、やがてあきらめて、うずくまったままになります。

その後にイヌたちは、次の実験のために別の部屋に連れて行かれます。この部屋の中にはイヌなら簡単に飛び越えられる高さの仕切り壁があります。今度の実験では、まず予告の信

号となる音が出て、それから電撃ショックが来ます。電撃が来るのは自分がいる区画だけですので、イヌは仕切を跳び越えて逃げれば電撃を受けずにすみます。

普通であれば、こうした状態に置かれたイヌは、すぐに予告信号と電撃の関係を学習して、予告が来ると跳んで逃げるという行動を身につけます。先に、パネルを押して電撃を逃れる経験をしたイヌたちは、この条件でも、すぐに跳んで逃げるようになりました。

しかし、ここで興味深いのは、最初の実験で、いかにあがいても電撃から逃れられない経験をしたイヌたちです。今度は跳べば逃げられるのに、また予告の信号まであるのに、逃げようともせずにあきらめてうずくまったまま電撃を受け続けたのです。

この実験を通してセリグマンが発見したのは、いかに努力しても逃れることのできないストレスにさらされると、イヌは自分の行動と結果の間には関係ないこと、すなわち自分が無力であることを「学習」してしまうということです。そして、一度それを学んでしまうと、たとえ自分が行動すればなんとかなる場面や、状況をコントロールできる状態になっている時でも、積極的な行動をとらなくなるのです。この仕組みこそ、人が無気力から抑うつに陥るプロセスそのものであると、セリグマンは考えたのでした。

そして、人間を対象としても、この理論に基づいた実験が行なわれました。なかなか人に電撃は使いにくいので、たとえば不快な騒音を聞かされたとき、正しい組み合わせのボタンを押せば止められる経験をするグループと、どんな組み合わせのボタンを押しても止められない経験をするグループを作ります。この実験の結果は、イヌの場合と同じく、自分の行動が有効であると考えた人たちは、違う状況下でもストレスを解決する方法を見つけ出せたのですが、無力感を学習した人たちはあきらめて何も行動しない傾向を示したのです。

このように人やイヌが無力感を学習してしまうと、抑うつされた気分になるのはもちろん、食欲や通常の活動に対する興味を失ったり、注意散漫や不眠といった、うつ病に近い徴候を示すようになります。こうした実証的な成果をもとにした、「学習性無力感」の理論は、人がうつや無気力に陥っていく過程を説明する有効なモデルとして評価されました。

現在では、さらに研究と改良が行なわれて「改訂版・学習性無力感理論」が提唱されています。このきっかけになったのは、全体としては、イヌも人もこうした実験的な手続きで無気力を学習させることができたのに、中にはこうした状況でもストレスに頑強に抵抗したケースがあったという事実です。

セリグマンはこう書いています*。

無気力にしようと試みた人々のうち、三人に一人は屈服しなかった。これは非常に重要な意味のあることだ。同じく逃れることのできないショックを受けた動物のうち、三匹に一匹は無気力にならなかった。――誰が簡単にあきらめ、誰が決してあきらめないのか。仕事に失敗したとき、長い間深く愛していた人から拒絶された時、誰が生き残れるのか？　そしてそれはなぜだろう？

失恋もとらえ方次第で、明るい未来の前兆に

この問いへの答えを示したのが、「改訂版・学習性無力感」理論です。これらの人たちを分けたのは、自分が無力感に陥った原因をどう説明するかのスタイルの違い、すなわち原因帰属の違いだと考えるものです。

悲観的な説明スタイルの人は、同じストレスや失敗に直面しても、より個人的で永続的で全体的な原因で失敗を説明しようとします。たとえば、こうした男性が恋人にふられた時、それは「自分の性格が悪かったから嫌われたのであって、この性格の悪さは変えられるものではなく、将来も誰からも好かれることはない」というように、事態を説明しようとします。

一方で、楽観的な説明スタイルの人は、失敗を、一時的で外的で特異的なものととらえます。同じく女性にふられても「たまたま互いの性格が合わなかったから別れただけで、そのうちフィーリングが合う女性ともめぐりあうだろう」と解釈します。

両者ともに「恋人にふられた」というネガティブな事実は動かすことはできません。しかし、情報の解釈に少々スピンをかけることによって、全く違った枠組みで原因帰属を行ったのです。

ですから、この二つの説明スタイルの持ち主は、喜ばしいポジティブな出来事についても全く逆に説明する傾向を見せます。困難な仕事をやり遂げたとき、楽観的な説明スタイルからは、この成功は自分の実力が発揮された結果（内的）であり、今後もこうした仕事は成功させることができ（永続的）、別のあらゆる仕事にも実力が発揮できるだろう（普遍的）と解釈します。悲観的なスタイルからは、成功は単に運がよかっただけで（外的）、次は失敗するかもしれないし（不安定）、他の仕事ではこの成功は通用しない（特殊的）と考えるわけです。

たいていの場合、私たちは自己高揚動機を持っていますから、楽観的スタイルを好み、自分の価値を高めるように、情報をスピンさせて解釈します。つまり、自分の成功は自分の努力のおかげ（内的帰属）で、自分の失敗はやむを得ないもの（外的帰属）。これが、原因帰属における自分勝手な傾向、つまりセルフ・サービング・バイアスの現れです。

しかし、学習性無力感の実験で示されたように、抑うつ者は自分が無力であることを経験し、そのために悲観的なスキーマを形づくってしまっています。そのため情報スピンはネガティブ方向に働きがちになっています。だとすれば原因帰属のスタイルを悲観的なものから楽観的なものに修正していく心理療法によって抑うつ症状が改善する可能性があるわけで、これが「認知療法」の技法につながっていくわけです。

認知療法では、先に説明したように、現実のあり方の認知を修正することで抑うつ症状の改善を目指します。中でも抑うつ者が行っている歪んだ原因帰属（一時的なことを普遍的と思いこんだり）を、言語化し意識することで、その歪みを自覚させ、より適切な帰属へと修正していくという手法があります。これは言い換えれば、普通であれば原因帰属の歪みは自覚されにくいことの例証でもあります。

また、セリグマンは、楽観的な説明スタイルを持っていれば、抑うつに陥らないだけでなく、人生のさまざまな局面において、ストレスに負けずに積極的に行動することができるといいます。その結果、学校においても仕事においても成功を収める可能性が高く、身体的健康も持続することができると述べています。

このセリグマンの主張のように、楽観性や自尊心、喜びといったポジティブな心理の持つさまざまな影響に焦点を当てて、それらの機能や伸ばし方について科学的に考えようとする研究は二〇〇〇年以降に盛んになり、「ポジティブ心理学」と呼ばれる潮流を作り出しました。セリグマンはその中心人物の一人ですし、自己を肯定的な存在として誤認するポジティブ・イリュージョンについての研究も、重要な研究領域の一つです。

「ポジティブ心理学」とは、ポジティブ・シンキングのような思考の技術ではなく、人の心理機構を前向きにとらえ、よりよい人生のために活かしていこうという考え方を軸とした実証的で科学的な心理学の一部門です。たとえば「だまし」という現象を、だまされる人の心や知識に欠陥があると考えるのではなく、その積極的・適応的な意義を考えていこうとする姿勢なども、当然、このポジティブ心理学の一部に含まれると私は考えています（自分勝手な解釈の好例でしょうかね）。

日本人はポジティブ・イリュージョンが苦手

さて、そのポジティブ・イリュージョンについては、その無意識の仕組みはともかく、たとえば現実に「平均以上効果」が身の回りにあるのか、ということに違和感が残る方もおられるでしょう。

「誰もが、自分は平均以上に優れた人間だと思っているって？　そんなことはないよ。私はそんなたいした人間ではないもの」と、全くうそ偽りなく考える人もいるでしょう。

たとえば先に紹介したように、学生の半数以上が自分の感受性を上位一〇％以内と答えるとか、ほとんどが自分のリーダーシップが平均以上だと考えているデータとか、私の周囲の学生を見ても、自らの学生時代を顧《かえり》みても、「ほんまかいな」と疑問を持たざるを得ません。

実は、ここにちょっとした文化の違いがあります。これまでいくつも紹介した自分の能力についての強力なポジティブ・イリュージョンの多くは、アメリカやカナダにおける研究で見いだされたものなのです。上記の学生というのもアメリカの学生です。

そして、欧米文化圏で行われた研究と、日本で行なわれた研究を比較すると実に興味深いことが明らかにされました。日本人を対象とした多くの研究では、こうした平均以上効果のようなポジティブ・イリュージョンはあまり見られないのです。それのみか、かえって自分の能力を実際よりも劣ったものだと回答するネガティブ・イリュージョン（自己卑下傾向）

すら認められました。なぜなのでしょうか？

文化心理学では、日本人の自己観や社会観が、相互協調性を大切にするという特徴を持つことが、こうした違いを生み出していると考えます。つまり、日本人（や東アジアの文化圏）は他人との関係性を大事にし、相互に依存・共感しあって社会を形作っています。そのために、自己の能力の高さを誇るよりも、謙遜し自己批判する人間の方が社会的にも望ましい人間像ととらえられるのです。ですから、日本人はそうした文化の中で自己卑下的であることが習い性になったともいえます。

また、対人心理学の観点からは、基本的に人は自己高揚的傾向があるにしても、日本ではそれを他人におおっぴらに示すよりも、自己卑下的に見せた方が好印象を与えると考えます。つまり自己卑下的な回答（自己呈示）は印象のコントロールの役割を持つのです。

また、日本人が自己卑下して見せることは、相手が「そんなことは無いよ」と、それを否定してくれることを期待して、間接的に自己高揚動機を満たす自己呈示戦略だととらえる研究もあります。

一方で欧米では、人それぞれが個としての独立性を重視され、いわば人はひと、自分は自分という相互独立的な自己観が共有されています。そのような文化では日本人のような自分を低く位置づけることは不利に働き、自己の高い能力を示すことが賞賛されるようになるでしょう。

　こうした異った自己呈示の傾向を持つ人の間で交渉ごとが行なわれるとどうなるか。たとえば、多くの国際問題——北朝鮮問題、貿易摩擦、海外派兵から捕鯨問題に至るまで、日本と欧米のさまざまな外交交渉を思い出してください。多くの日本人が、わが国の外交が、自己卑下的とも言えるひかえ目さを持っていることを実感していると思います。日本側は、常に主張に自信がなさげで、交渉のイニシアチブをとれず受け身になって右往左往しているという印象です。ＮＯと言えない日本に比べ、なんとアメリカは憎々しいほどに自信満々で強引な自己主張を通そうとするのか、と。

　外交は表面的な主張のぶつかり合いだけでなく、裏での根回しや調整によって自分に有利に持っていこうとする過程もあるわけですから、それも考慮しないと日本人が外交下手と決めつけるわけにもいきません。おそらくは日本の外務省にとっては、そうした隠れた外交においてこそ、実力を発揮するという自負でもあるのでしょう。しかし、ステレオタイプ的なイメージとしては、日本人は欧米人より押しが弱く、自分の主張を通せない、といったものはおそらく一般的に共有されていると思います。

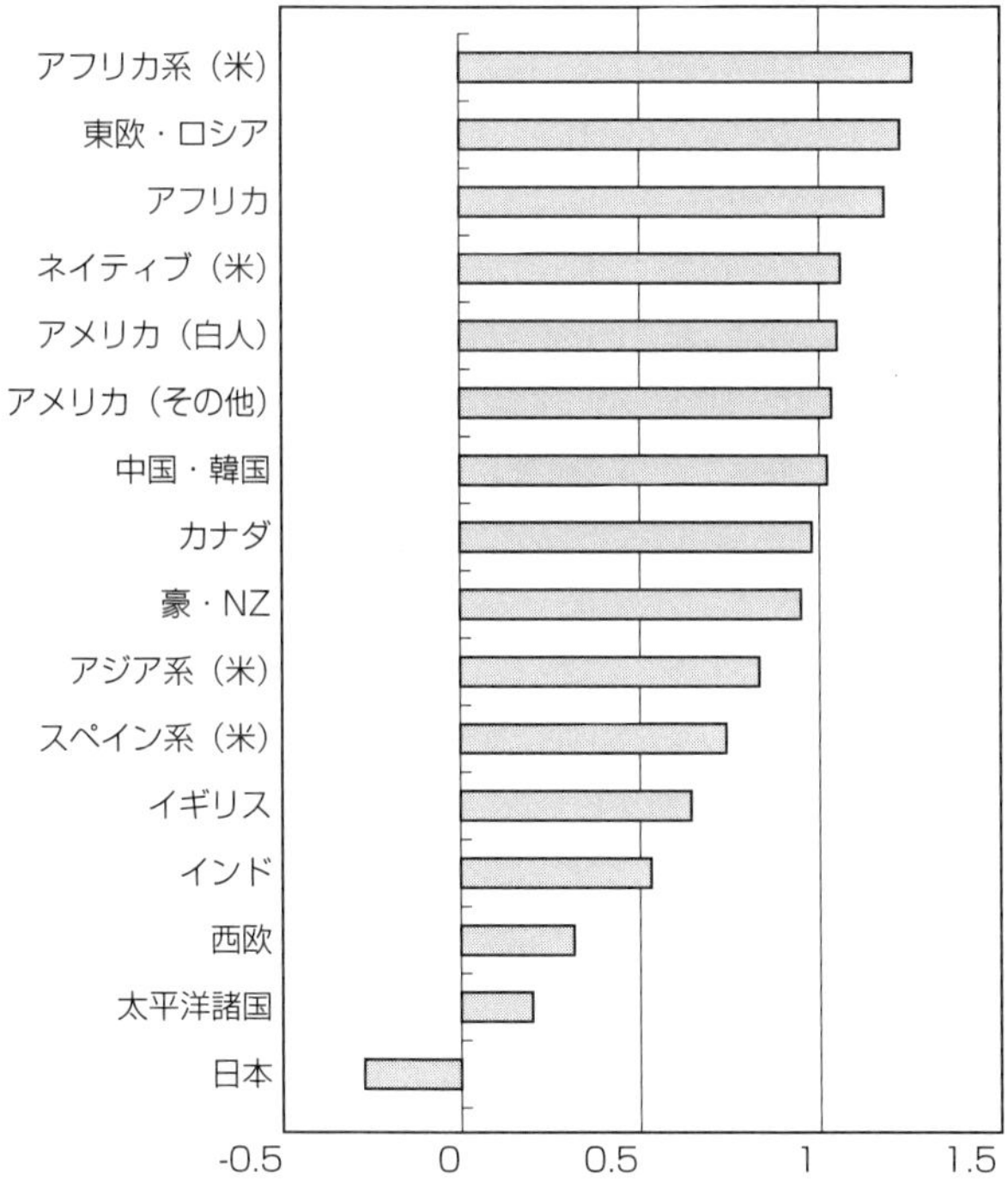

国、民族、集団による自己奉仕《セルフ・サービング》バイアスの相違（数値が大きいほど、自己奉仕傾向が強い。メズリスらのデータを堀毛一也氏＊がまとめたもの）

それを裏付けるように、たとえば、先に説明した原因帰属におけるセルフ・サービング・バイアスの現れ方について、多くの文化圏の研究を比較した分析があります。「よいことは自分のおかげ」と考えたがる傾向の比較だと思ってください（135ページグラフ）。

この結果を見ると、やはりアメリカやカナダなどの調査では、成功やポジティブな出来事は自分自身に帰属させようとする傾向が非常に強かったことが見いだされました。つまり、欧米人はやはり自分の能力や手腕に関しては、かなり自信満々なのです。その一方で、日本（や太平洋諸国）では、このセルフ・サービング・バイアスの現れ方は、きわだって低い（ほとんどゼロか、マイナス）ことが示されました。こうした研究結果から、「西洋文化は自己主張が美徳であり、東洋文化には謙譲の美徳がある」という結論になるわけですが、ここでちょっとお待ちください。

面白いことに、東洋文化一般にセルフ・サービング・バイアスが弱いというわけではなく、日本のお隣でありながら中国や韓国のデータでは、かえってイギリスやカナダなどよりも高いセルフ・サービング・バイアスが示されています。どうやら、日本は西欧だけでなく、アジアでもかなり特殊な傾向を見せているようなのです。

日本の若者は、なぜ自分に自信が持てないのか

日米中三カ国の高校生約三四〇〇名を対象に行なわれた調査でも、これらの国の若者の自尊感情の違いがはっきりと示されています。たとえば「私は他人に劣らず価値のある人間である」という質問に肯定的に答えた高校生は、アメリカで八九％、中国では九六％だったのに対し、日本ではわずか三八％でした。

同じく、「私は人並みの能力がある」アメリカで九一％、中国で九四％、日本で五八％。「計画を立てるときは、それをやり遂げる自信がある」アメリカ八七％、中国七三％、日本三八％。

逆に、「自分にはあまり誇りに思えるようなことはない」アメリカ二四％、中国一三％、日本五三％となっています*。

こうした調査がニュースで取り上げられるときは、たいていは自分の未来や能力に自信を見いだせない日本の若者の姿、という文脈になりますね。そこから、現代の日本社会が格差社会になって若者の希望や自尊心をいかにスポイルしているのか、と論を進めるのが、おなじみの展開です。

絶望先生なら「日本の将来に絶望した！」と叫ぶところでしょうが、見方を変えればアメリカ人や中国人は明らかに自信過剰だと読むことができないでしょうか。

自分の能力や価値について、平均より劣ると評価する人がほとんどいません。現実には平均より劣る人がいないということは、ほとんどあり得ないわけですから、ここにはポジティブ・イリュージョンが現れているわけです。

一方で、日本の若者は自信過剰を戒め、謙虚に自分の姿を見つめているとも言えます。特に「計画を立てるときは、それをやり遂げる自信がある」という項目のパーセンテージがアメリカ八七%、中国七三%となっているあたりを見てください。おおよそ、計画を立てることは容易でも、それをやり遂げるのは実に難しいことだということは、計画を実行するのが人間である以上、いわば人の常、万国共通の常識と言ってよいでしょう（少なくとも私には、真理です）。にもかかわらず、なんで米中ではそんなに多くの若者が自信をもってやり遂げられると答えられるのか、アメリカや中国では、そんなに物事が計画どおりに進むのか？　ちょっと脳天気すぎるのではないかとまで思えてしまいます。

自分に対して自信満々で自省や謙虚な姿勢が少なめなアメリカ・中国、これと逆の日本の若者。彼らが成長して、熾烈な国益のぶつかりあいや、厳しいビジネス交渉の場で相対したとき、どちらの意見が勢いを持って相手を押し切ることができるのか、想像に難くありません。

ところで、こうしたデータに表れているような日本の若者の謙虚さは、日本社会での、「出る杭は打たれる」式の摩擦を避けるための自己保全が原因という考え方もあります。つまり卑下して見せるという自己呈示の方略を取るということですね。ですからできるだけホンネが出やすいようにして調査すると、日本人でも自己高揚的な傾向が見られるという研究もあります。その一方で社会心理学者の唐沢真弓《からさわまゆみ》氏の研究では、自己卑下的な態度をことさら取る必要がないような状況を整えて実験を行なっても、日本人は自己に批判的で周囲の人を高く評価する傾向を見せることが報告されています。唐沢氏は、この実験をもとに、日本人の自己卑下は人の目を気にするためになされる表面的なものではなく、自分の弱点や問題点を能動的に受け入れて自己の向上を目指す傾向であると、積極的にとらえています。

国境を越えたビジネスが当たり前になったこの時代に、日本人の自己卑下傾向を自己主張の欠如と位置づけ、欧米並に積極的に自分のポジティブな面を主張することは、それはそれで大切なことだと思います。また、そのためのディベートやスピーチの教育の必要性もかなり高いものかもしれません。ただ、これも視点を変え、日本人の自己卑下傾向をネガティブのみにとらえるだけでなく、私たちが持っている自らの足りないところを冷静に認識してさらなる向上・成長へとつなげようとする態度ととらえ直していくことも、忘れてはならないと思います。

話は少々ずれますが、東アジアの諸国と日本の間では、歴史認識に対してさまざまな議論がなされています。そんな中で、日本人の自虐的な歴史観が、日本人として「なさけない姿勢」として、とりざたされることがあります。しかし、そもそも日本文化においてはネガティブなことの責任を自分に帰することこそ美徳だったのです。たとえ言いたいことがあっても、それを飲み込んで一切の責任を自分が取る、これこそ美しい姿だという価値観で生きてきたのが日本人です。すなわち日本が自虐的であるのは誇りを失ったからではなく、それ自体が日本社会の中で評価される誇るべき美徳であり、その美徳にとらわれた結果であると言えるのではないでしょうか。

自分勝手な情報処理の歪みを一歩引いてみる

ここでクリティカルにふり返ってみましょう。前節での、日本人の対外的な弱腰を心理的な傾向性の違いから解釈した説明にあなたは納得されたでしょうか?

私としては、われながら説得力のある解釈だと思います。しかし、ここで言いたいのは、その私の解釈が正しいということではありません。先にしつこく述べましたとおり、物事の原因というのは、簡単に一つに定めることはできず、私たちの心理が一つを原因として解釈するのです。であれば、たとえば日本と中韓の外交が紛糾するという事態に関しても、さまざまな原因があり、それは解釈次第で全く様相を変えてしまうことになります。

ここで、肝心なのは、私という心理学者が、「われながら説得力のある」説明として、両国の国民の心理的な傾向の違いを採用してしまったことです。そしてそれがもっともらしい説明として見えてしまうことこそ、私の持つ心理学スキーマの働きなのです。

このスキーマに基づいて東アジアの問題を眺めていると、自動的にその国民の心理的な側面に着目して情報を集め、それを重視するように情報がスピンされていきます。たとえば、両国の文化や思想、国民性の違いを扱った研究は膨大な量の蓄積があるでしょう。その中から、私の心理学スキーマは、セルフ・サービング・バイアスや自尊感情の違いという理論を選び出しました。

そして、日本と中韓の関わりの場面から、この理論に基づいて説明のつくものを自動的にセレクトし、わかりやすく解釈するために無意識のうちにスピンをかけています。その結果、私の考えを裏付ける実際の証拠は、たとえば日本と中国の間で起こった過去の事件の中から、実にたくさん集めることができました。

「なぜこんなに謝罪するのだろう」といった歴史的認識の問題から、最近の「毒入り餃子に強く抗議しないのだろう」「チベット人権弾圧に強硬に反対しないのだろう」――いずれも、出来事としては現実に起こっている事実であり、これらの問いに対する答えはかの国のセルフ・サービング・バイアスの強さと、日本人の自己卑下傾向できれいに説明がついてしまうのです。

日本と中国の軋轢《あつれき》の真の原因を探ることはここでの問題ではありませんし、深入りするつもりもありません。この例を出したのは、心理学についての知識を持っている人が複雑な現実を見ると、原因は人の心理に帰することができること。それが、無意識の情報処理によって支えられて、本人にとっては納得できるものになることなのです。

ですから、同じ両国間の軋轢を見たとしても、その人が中国の民主化に強い関心を持っている人であれば、強引な中国の姿勢は共産党が国民を統合させるための戦略であると帰属させるでしょう。東洋思想に造詣が深い人であれば、儒教や中華思想の観点から納得のいく説明を組み立てるでしょう。日本の官僚組織の実態を知る人なら、外務省の無策こそが、現在の混乱の第一の原因と考えるでしょう。むろん、中国や韓国の人は「日本の無反省」という全く異なる原因帰属を行うはずです。

さまざまな解釈の可能性があり、それが正しい解釈だとは限らないものでも、あたかもそれが正しいものであると思いこませてしまう情報処理の働き、これこそ私たちに内在している「だまし」のシステムなのです。

ですから、本書のテーマである「だまし」を飼い慣らすというのは、自分自身が無自覚に行なっているこうした自分勝手な情報処理の歪みを、一歩引いて見直してみる姿勢を持つことが第一歩だと考えています。これが、認知している自分を認知するという意味で「メタ認知」と呼ばれている心の働きです。このメタ認知は、物事をクリティカルに考えようとする際の基本です。同時に、だましの情報リテラシーのコアになる概念なのですが、これは次章で詳しく説明しましょう。

ちなみに、あなたは、私のこの心理学的な説明にどうお考えになったでしょうか。

私は人並み以上に誠実です

私は、平均以上効果のようなポジティブ・イリュージョンを、だれもが持っているだましのシステムの産物の一つだと説明してきました。しかし、前節では、日本人にはポジティブ・イリュージョンが現れないケースが多いことも説明しました。

「これは、矛盾しているんじゃないか。では日本人はだましのシステムを持っていないのか」と思った方は、なかなか鋭い人です。ちょっとした詐欺にはだまされない批判的な思考の持ち主です。

日本の社会と自己のありかたを考えるなら、ストレートに能力を誇るようなポジティブ・イリュージョンは、日本人ではあまり現れないと考えられていたのは事実です。しかし、現実に日本人にもポジティブ・イリュージョンは観察されます。これは一つには、文化によってポジティブと位置づけられる自己像が違うために、日本人のイリュージョンは欧米とは異なった形で生じる面があるからです。

たとえば日本の大学生を対象として、同年代の平均的な大学生と比較して自分は優れていると思うか、それとも劣っていると思うかを尋ねる調査が行なわれました。これは一般的な平均以上効果の研究方法ですが、優れている・劣っているという評価を、さまざまな能力や性格など、多くの自己の側面で聞いてみたものです。

その結果は、「社交性」「容貌」「経済力」「スポーツ」などの側面では、日本の大学生は自分を過小に評価する傾向が見られました。つまり、ネガティブ・イリュージョンが示されたのです。たとえば「社交性」では六割以上が平均以下と答えています。特に女性では七割前後が「スタイル」を平均以下と位置づけました。

しかし、「優しさ」「まじめさ」といった領域について尋ねると、自分は他の大学生よりも優れていると考える傾向が、男女や大学を問わず、一貫して認められました。「優しさ」が平均以上だと答えた学生は全体の七割以上、「まじめさ」や「明るさ」「誠実さ」でも六割以上が平均以上と答えました。*

ポジティブ・イリュージョンの根底には自己高揚動機があり、自分の価値を高めようとする適応的無意識が働いています。であるとすれば、日本人にとって能力面よりも「優しさ」「まじめさ」にポジティブ・イリュージョンが現れるというのは、おそらくは、日本の社会に適応的であるためには、こうした要素が調和的に働くのだろうと解釈できます。

ただ、別の見方をしてみれば、こうした「優しさ」「まじめさ」といった特性は、評価基準が曖昧で、比較的容易にそう思いこめるからとも解釈できます。「スタイル」や「容貌」で自分をだますことは、かなり困難なことの部類に入るでしょう。しかし、人に対して優しくなることは気の持ち方次第で何とかなりそうですし、自分が「まじめ」であることは、身の回りを観察していれば、実感できることも先に説明したとおりです。

奥さんを高評価する日本人男性

日本人のイリュージョンが、人の性格や行動のどんな領域にどのように現れるのか、という研究は日本人の国民性や、社会のありかたを知る手掛かりとして、とても面白いものだと思います。これらは、いわば日本人が「自分をどうだましているのか」について知り、また日本社会において、どう自分をだますことが適応的な戦略になるのかを考えることができるからです。

たとえば、仲のよい夫婦に、「あなた自身は相手にとってよい伴侶と言えますか?」「相手の方はあなたにとってよい伴侶であると言えますか?」と二つの質問をしたとします。この質問に対する答えから、自分たちの夫婦関係内で、それぞれが相手をどう評価しているかを推測することができます。すると、夫・妻ともに、相手の方を高く評価して、相対的に自分を低く見る自己卑下の傾向が見られました。特に夫の答えには、この傾向が強く見られます。「うちの奥さんは、よくできた女だからね」といったところでしょうか。

この相対的自己卑下は、大学生の親友関係のような、親密な関係性の中でも見られました。しかし、一方的に卑下するばかりではありません。面白いことに、私たちは二者の間では自分が下だと考えますが、自分たちの夫婦関係や親友関係それ自体は、他の平均的な夫婦や親友関係より素晴らしいものだというイリュージョン（「関係性高揚」）を持つことも示されているのです*。

つまり、日本人は、自分自身を直接持ち上げるようなポジティブ・イリュージョンではなく、人間関係を仲介として自分自身を高く評価しようとする傾向があったのです。

ただ、こうした回答については、調査の際に謙遜して答えてみせただけじゃないの？　という疑問もあります。表面的に相手の方を持ち上げているだけで、内心はそう思っていない可能性は確かにあります（心当たりのある方もおられると思いますが）。しかし、この研究では自分たちの関係性をポジティブにとらえる人や、自分を相対的に低く見る傾向がある人は、二人の関係性の満足感や幸福感が高いことも同時に示されています。これは、日本人の自己卑下や関係性高揚が、単に表面的な謙遜だけとは考えにくいことを示しています。

さらに、ポジティブ・イリュージョンの三番目の現れ方である「非現実的な楽観主義」の違いについても紹介しましょう。この現象は、先にも紹介したとおり、自分に起こる可能性があるイベントの確率を見積もらせると、①自分の将来によいことが起こる確率を高く、②悪いことが起こる確率を低く見積もる現象です。ですから、ここで言う楽観性とは、世界全体に関わるような楽観ではなく、あくまでも自分自身の将来に関心は絞られています。

「非現実的な楽観主義」の①②を比較した調査では、日本人の大学生と欧米のデータではやや異なる傾向が見られました*。日本人学生が示す楽観主義のレベルは、全体として欧米に比べて弱いものでしたが、①にくらべて②の意味での楽観性が強く見られたのです。私たちの楽観性は、よいことが起こるだろう（大金持ちになる）といった前向きなものは少なく、日常が平和に暮らせる程度のよい出来事（幸せな結婚生活）が自分にも起こり、特に悪いことはあまり自分には降りかからないだろうという、かなり控えめなイリュージョンとして現れていました。

せっかく自分をだますのだから、もっと華々しいイリュージョンを持ってもいいのに、私たち日本人というのは、やはり謙虚というべきか、小市民的というべきなのでしょうか。それとも、欧米人というのはやっぱり脳天気なんだなということになるのでしょうか。

四章　無意識のだましと、上手につきあう心構え

ポジティブな自分は、周囲からはただの「自己チュー」かも

本書はここまで基本的に、自分のうちにある無意識的なだましのシステムをポジティブに評価してきました。このだましシステムの存在は、私たちにとって多大なメリットがあります。この働きのおかげで、私たちは環境に適応でき、素早い判断をかなり正確に下すことができます。そして、自己の能力や将来をポジティブに認識させることによって、ストレスを和らげ、人間関係も肯定的にとらえて精神的健康を維持する（ひいては身体的な健康も維持する）ことができるわけです。

こうしたポジティブな精神の効能については、先に紹介したセリグマンやテイラーらの著作をはじめとしてすでに数多くの良著がありますので、ぜひそちらを読んでいただきたいと思います。

ただ、本人の適応のための、特に「精神的健康維持」「自己高揚」のための情報スピンという考え方にイライラした方もきっとおられると思います。なぜなら、その個人にとって適応的で合理的だとしても、それが周囲の人や社会にとって「適応的」かどうかは、また話は別だからです。

極端な話、わがまま放題の子どもは、わがままを通してやれば精神的に満足するでしょう

が、周囲の人間にとっては大迷惑なことがあります。ひょっとするとポジティブに自分をとらえているあなた自身が、周囲から、知らず知らずのうちに「自己中心的」という悪い評価を受けている可能性もあるのです。

本書一章で、思いこみの激しい自分勝手な人を、一緒に仕事をしたくない例として取り上げました。楽観的な自己認知に浸っている人たちというのは、いわば厳しい現実を直視しようとせず、たとえ実力がなくてもなぜか自信過剰ではつらつとしているわけであって、彼や彼女を自分の同僚として考えたときに、あなたはどう受け止めるでしょうか？

このようなポジティブ・イリュージョンや楽観主義の問題点については、「程度問題」であって、楽観性は基本的にはいいことではないかという意見はあるでしょう。行き過ぎがまずい、というのは、これも説得力のある表現で納得しやすいのですが、あまり生産的ではありません。行き過ぎが悪いというのは、まさにそのとおりなのですが、そこにとどまらず、では、どうした時、もしくはどんな状況において、無意識のだましはデメリットが浮き彫りにされるのかに踏み込んでみたいと思います。単に、否定したり、有用がったりするのではなく、こうした両者の組合せをとらえてこそ、「だまし」とより有意義なおつきあいができるはずです。

この点から見て興味深い研究に、楽観的な傾向はその人の性格や状況によってはかえってネガティブな事態を引き起こすことがあるという報告があります。たとえば、心理学者の外《と》山美樹《やまみき》氏が小学生を対象として行なった調査では、ストレスの高い子どもにはポジティブ・イリュージョンは基本的に好ましい影響を及ぼすことが確認されました。しかし、その子どもの攻撃性が高い（腹を立てやすい、大声を出しやすい）場合には、かえってその攻撃行動をエスカレートさせることがわかりました*。

このように、楽観主義やポジティブ・イリュージョンについて考えるときは、その個人の特性や、置かれている状況との組合せについてもきちんとした目配りをしておかないと、長い目で見たときにはかえって不適応に結びつくのです。

たとえば、会社などの組織においては、こうした楽観主義がどの部署に向くかはわかりやすいと思います。ポジティブで楽観的な自己認知を持っている人は、元気で明るく、景気のいい雰囲気を周囲にも振り撒きますので、ムードメーカーとしては適任です。へこたれない精神が、営業活動にも向くでしょう。

一方で、そうした態度は、たとえばリスク管理のように、複雑に入り組んだ情報を適切に分析して、思い込みにとらわれない正確な判断を下さなければならないポジションには適切ではありません。こうした立場には、楽観主義よりも、「防衛的悲観主義《ディフェンシブ・ペシミズム》」者が向いています。防衛的悲観主義というのは、やはり最近の心理学で注目されている概念で、失敗した場合に起こりうる最悪の事態を想像して、これに冷静に備えることのできる傾向のことです。ポジティブ・イリュージョンのような楽観主義とはおおよそ逆の傾向性ですが、悪い状況を想定することを通して不安を制御するという点がミソで、こうした傾向を備えた人こそ逆境に強く、適応性が高いとされています。

世の中のポジティブ・シンキング礼賛の風潮の中で、防衛的悲観主義からの提言こそ、もっと傾聴に値する考え方だと思うのですが、ここでは省略します。ただ、悲観的といっても、「うつ」とは違って適応的な悲観主義もあることをぜひ知っておいてください。

これらをふまえて考えれば、うまくできた組織であれば、全体を牽引したり、士気を鼓舞する役割のあるトップや、営業の最前線に楽観主義者・イリュージョニストを据え、その裏で冷静に状況を判断する参謀役として現実主義者・防衛的悲観主義者を置くのが理想でしょう。これが逆になると、かなりの危機を招きそうです。

落ち込んでいるときは、しっかり自分にだまされろ

だましと状況の関係性を仕事の部署で考えてみましたが、これを個人の中の状況に置き換えてみるのも有効です。いわば、現実主義者や防衛的悲観主義者としての自分と、イリュージョニストとしての自分を、柔軟に・適切に切り替える能力が必要だということです。

もちろん、ただ単に変われるというだけではダメで、肝心なのはその変化をコントロールする能力です。それは、現実の状況で求められているものを正しく把握し、また自分自身の認知がどのように偏った情報処理を行なっているのかを、一歩引いて客観的に認知する能力のことです。この能力こそ、だましのコントロールの中核技能と考えてください。

つまり、私たちは、だまされるべき時にはしっかりだまされなければならない。特に感情的に落ち込んでいるときは、さまざまな情報を都合よく解釈して、自分自身の気分を高揚させなければなりません。そして、その一方で、正確な判断が必要とされる場合には、だまされている自分から抜け出さねばなりません。そのためには、自らの無意識が仕掛けるだましを意識化し、適切に修正する能力を持っておかねばなりません。

こうした心の機能は、前章でもちょっと触れましたが、認知している自分を認知するという意味で「メタ認知」と呼ばれるものです。メタ認知とは、自分自身の認知とそれに関連す

る事象についての知識を持つことに加え、自分の認知活動をモニター・点検し、具体的な目標に即してその状態を評価し、必要であれば認知を調整・制御する働きです。

認知心理学の多くの研究を通して、このメタ認知能力が、適切に学習を進めたり、正しい判断や問題解決を効率的に行う場合などに、かなり重要な役割を果たすことが明らかにされてきました。

たとえば、数学の難しい問題でも、また取引先とのトラブルでも、一筋縄ではいかない問題に直面した時に、とにかく脇目もふらず、まっしぐらに問題に取り組むのはまずいやり方です。一歩下がって見渡して、自分は何がわかっているか、わかっていないのか、と自分の状態を冷静にとらえることが有効なのです。そして、その問題の特徴から考えて、自分の能力では、どの解法の有効性が高いのかを把握し、自らの取り組みのありかたを変えていく。これができる人が、メタ認知能力が高い人です。

ですから、このメタ認知という概念は、たいていは歪んだ認知を修正するといった文脈で使われます。この点から見れば、メタ認知はまちがいなくクリティカル・シンキングを実現するために重要な認知機能の一つです。

私は、そのメタ認知にもう一つ重要な役割を果たしてもらいたいと思います。それが、時と場合によっては適切に「だまされる」ように自己をコントロールする機能です。「だまされない」ことだけでなく、これをともなってこそ「だましのリテラシー」は、非常に高度なものになると言えるでしょう。

ポジティブ・イリュージョンと、ポジティブ・シンキングの違い

メタ認知による「だましのリテラシー」向上のためには、これまで見てきたポジティブな「だまし」のメリットの裏にある、数々のデメリットも理解しておく必要があります。すでにステレオタイプ的判断の罠などを説明しましたが、さらにいくつかの注意点を概観していきます。それは、よく挙げられるような、カルト宗教や悪徳商法の経済的な被害といった、直接的なものばかりではありません。もっと、私たちの「だまし」システムの根幹に関わる観点から、メリットとデメリットの両面をとらえ直してみましょう。

まず「ポジティブ・イリュージョン」という言葉を本書で初めて知った方は、最初「ポジティブ・シンキング」を連想されたと思います。ポジティブ・シンキングというのは、すでにものごとを肯定的に、積極的な方向へと考える思考法としておなじみのものですが、この

概念と比較したとき、ポジティブ・イリュージョンやセルフ・サービング・バイアスなど、本書で言う「無意識のだまし」の特徴は明確になります。

「ポジティブ・シンキング」とは、たとえば失敗したという事実にとらわれるよりも、それを成功へのステップととらえ直すような、意図的で自覚的、訓練可能な一連の思考のテクニックです。

それに対して、無意識のポジティブ・イリュージョンなどでは、情報処理が自動的に自分に有利に働いて、落ち込みや「うつ」から身を守ります。いわば私たちが自然に持っている免疫システムのようなものです。

どちらも、自己評価を維持し、気分的な落ち込みを防ぐために現実の認知をポジティブに歪めていくという共通点がありますが、無意識主導の穏やかなプロセスと、意識が主導するより強力な働きかけという違いが見て取れます。

むろん、ポジティブ・シンキングも、訓練を積み重ねるうちに、どんなことでも自動的にポジティブにとらえられる「自動化された熟練者」のプロセスになることを目指すのですが、基本的には逆境を明確な意志のもとで改善していく意識的コントロール技術に位置づけられます。ですから、無意識のだましが地味に着実に作用するのに対して、ポジティブ・シンキングは明快に作用し、それゆえに副作用も強力になると考えられます。

吉岡友治《よしおかゆうじ》氏は、ポジティブ・シンキングは「失敗したと感じている人が、とりあえず気分的に落ち込まずに済むための秘訣」であり、そうした思考を追い求めること自体、気分的な落ち込みに対する恐怖の裏返しだと指摘しています*。いわば、現実のどうしようもない問題にぶつかって、心理的に墜ちていくまさにそんな時に、対症療法的に発動されるべき強引なセイフティ・ネットのテクニックというものでしょう。

病気の人にとって有効な治療と、健康な人にとっての健康法は、どちらも健康を目的としていても、同じものではありません。健康のためにジョギングをするのはよいことでしょうが、高熱を発している人に無理矢理ジョギングをさせる人はいません。逆に解熱剤を、普段から飲んでいる人もいないでしょう。

モルヒネが必要な人と、モルヒネに絶対に手を出してはいけない人がいるはずです。このポジティブ・シンキングを状況を考えずに多用する人はとんでもない逆境から成功へと駆け上がる例があるかもしれませんが、薬物中毒のように深刻な不適応を引き起こす危険と隣りあわせでもあるのです。

たとえば行き詰まって撤退すべき状況になってまで現実を認めず、「あきらめるな！　必ずうまくいく」とか「弱音を吐くな！　否定的なことを言うな！　うまくいったイメージを考えろ！」とか追いまくるポジティブ・シンカーはあなたの周囲にもいるのではないでしょうか。とにかく、たとえどんな逆境にあっても、前向きにポジティブにと状況をねじ曲げるので、振り回される周囲の人は大変な目に遭うようです。結果として、成功してしまえば、こうした不満も、「あの時は本当に大変だったけれど、よくがんばったね」という結果論で済ませられてしまうわけです。

また心理学的な観点から見ると、不安とか恐怖といったネガティブな感情にも、実は適応的な意味があることを忘れてはなりません。私たちが不安を感じるというときは、周囲の環境が望ましくない状態になっていることの反映であり、この情動下では私たちの認知システムは、脅威や危険を見逃さないように、分析的でシステマティックな思考方略を採るようになります。うつ者が正確な判断をする「うつの現実主義」は、こうした感情と認知の関わりを端的に示した例なのです。

逆に、ポジティブな気分でいるときは、周囲に脅威がない良好な状況であるわけで、直感的で深く考え込まない判断が優先されるようになります。つまり、状況が悪いときにネガティブな気分になることには、意識がしっかりと考えて改善策を練るのに適した状態になるという適応的な意義があるのです。

ストレスに追い込まれた「個人の心の健康」という観点だけから見れば、ポジティブな気分を保って、自己高揚的に考えることは環境適応的です。抑うつに陥れば、すべての生産的な思考が阻害されてしまうことにもなりかねず、前章で和田秀樹氏の説明を引用したように、本質的な問題はさておいても、気分をポジティブに持って行くことが最優先になるでしょう。しかし、逆境にある組織が目的達成のための意思決定を行なうという観点から見れば、逆境というのは、ネガティブに情報を分析すべき時なのです。

念のためですが、これはポジティブ・シンキングが害悪であると主張しているのではありません。状況要因と心の持ち方の交互作用を考えれば、客観的に状況判断を行なうべき時には、意図的にまず「ポジティブな解釈ありき」という強力な方向付けをするポジティブ・シンキングはかえって全体として不適応状態を引き起こす可能性があるということです。

ポジティブ・シンキングという技術が有効であればあるほど、そしてそれが強力であればあるほど、副作用も同様に増幅されます。これは、カルト宗教や自己啓発セミナーにはまった状態の人が、個人的には限りない幸福感や全能感を手に入れているようでいて、社会的には著しく不適応に陥《おちい》る場合などに端的に見ることができるでしょう。

自分以外は、みんなバカと思う人たち

ポジティブ・イリュージョンなどの自己欺瞞は、もともと自己評価を高く維持するという点で適応的に働く仕組みではありますが、その中にも、より前向きなものと非建設的なものがあります。自分をだますにも、だまし方に気をつけなければなりません。

この対照的な二つの情報のスピンのさせ方を見てみましょう。

一つは、自分の行動の中からポジティブなことを拾い出したり、よりポジティブに歪曲させたりして、自分の価値を高めていくことです。つまり、過去に努力して成功した例を思い出したり、失敗の中にもそれなりに前向きに評価できる手掛かりを見つけて、自分に有利に解釈していく方略です。仕事に失敗したときでも「今回は運悪くたまたま失敗しただけであって、成功へのヒントをいろいろ得られたのだから次は大丈夫」という持っていき方です。

これに対して、もう一つの方略は、自分自身の成功体験からポジティブ情報を引き出すのではなく、他人を不当にバカにすることで、自分の相対的な価値を高めるというものです。平均以上効果のような自己評価の歪みは、他人のレベルが基準になりますので、他人がバカばっかりであれば、相対的に自分の能力は高く位置づけられるのが当然です。このような他者蔑視から発生する自己認識を、心理学者の速水敏彦《はやみずとしひこ》氏は、「仮想的有能感《かそうてきゆうのうかん》」と名付けています。

　速水氏によれば、この「仮想的有能感」は、自分の過去経験に全く左右されない思いこみの自己評価であるとして、自分の経験から生まれる自信を表わす「自尊感情」と区別しています。事実、調査データからは、仮想的有能感の高低と、その人の自尊感情の高低は、互いに関係が見られていません。

　これは自分に高い自信を持っていて、その結果として他人の能力を軽く見るタイプと、自分の成功経験に乏しく自信が持てないものの、他者を軽蔑することで有能感をアップさせようとするタイプがいるためと解釈できます。

　速水氏が行なってきたいくつもの調査研究からわかったのは、こうした仮想的有能感が強い若者たちは、相手の立場に立って考えることや、相手の感情との共感ができないことです。さらに、また友人関係も狭く、その友人や家族関係にもかなり不満を持っているという傾向も明らかにされました。この仮想的有能感も、大きくは、環境に対して適応的な働きをするポジティブ・イリュージョンの一つととらえられます。速水氏の表現によれば「自分が負け組であることを意識しないように、先手をうって他者を見下げることで生じた有能感やプライド」ということになります。*

仮想的有能感は、世の中の人々を蔑視することで生み出される全能感であるために、たとえ自分のプライドは満たされても、必然的に周囲の人に対する嫉妬や軽蔑などのネガティブな感情と不可分なものになります。そのため、実際の人間関係では、他人に対する横柄な態度や、攻撃的な言動が目立つようになり、その人の親密な人間関係形成を妨げるようになります。その結果、自分を防衛し評価を上げるという目標を果たしたとしても、周囲との軋轢といった社会的不適応というデメリットの方が表面に強く表れやすい「だまし」の典型的な例だと言えます。

自己啓発セミナーで行なわれる「意識の配線のやり直し」

情報の解釈を自在にスピンさせることで、世界の見え方は全く変わります。先に見た「外見のいい男スキーマ」のように、たとえ同じものでも、見る枠組みが変われば、見えるものが全く変わってしまいました。「靴のセールスマン」の例のように、ビジネス上の成功のヒントがそこから生み出される可能性もあります。

そして、こうした例よりも、さらにドラマチックに現れ、そして私たちの環境に対する適応にとって重要な「世界の見え方の転換」があります。それは、宗教やイデオロギーによって引き起こされる価値観の転換です。

たとえば、不慮の事故で愛する人を失ったり、大災害ですべての財産を失ってしまった人がいるとします。これ以上ない絶望的な状況であっても、宗教的信念に基づくスキーマは、そこに前向きな意味を見いだそうとするでしょう。

キリスト教であれば、災厄を神の与えたもうた試練と考えて、それを乗り越えることこそ、神の恩寵《おんちょう》に答えることであり、自分が成長するために大切なことなのだと説くかもしれません。これで、その人を自殺やうつ病などといった最悪の事態から救って、社会に復帰させることができれば、それこそが宗教という信念体系が果たす現世的な意義の最たるものでしょう。

たとえば、作家の曽野綾子《そのあやこ》氏は次のように述べています。


信仰はそのあるなしによって、人間の人生の解釈の仕方を柔軟に変えることができるのだから、人間の生理に影響が出ないわけがない。信仰があるとすべてのできごとに意味がある、と思えるようになる。しかし、信仰がないと、これは運がよかった、これは運が悪かった、という形でそれこそ勝ち組と負け組を簡単に分けるようになる。人生のすべてのできごとが「取りようによってはよいものだ」と思える人は、冷蔵庫の残り野菜をすべて使って、おいしいスープを作れる人に似ている。*

　この考えは、信仰が私たちにとってどんな意義があるかを示すよい例だと思います。しかし、その心理に着目すれば、これは無意識の情報のスピンそのものです。コップに水が半分も入っていると見るか、半分も空になっていると感じるかも解釈一つです。この「こころの持ち方一つ」で世の中の出来事をいかようにもポジティブに価値転換できるということは、私たちの現実解釈能力の有能さを示すとともに、また深刻な副作用をも生み出すのです。

　この価値変換システムがフルに働けば、極端な話、現実がいかにあっても、主観的には幸せを維持できることになります。

　この働きが、個人に対してもたらす副作用は、現実から遊離した、居心地のいい精神世界に安住することが可能になり、適切な社会関係が営めなくなることです。これは、ニューエイジ思想やカルト宗教、自己啓発セミナーにはまった人たちに頻繁に見られます。自分が置かれた現実を見ようとせず、自分の心の中の現実を絶対化するいわば過剰適応の姿ともいえます。

現在の自分のありかたに不満や不安を感じている多くの若者が、殻をやぶって本当の自分を探すために、こうしたマインドビジネスにはまっていきます。彼ら・彼女らが言う「本当の自分」「ありのままの自分」という自己像は、実は他者に巧みに誘導され、自分の無意識が作り上げただましにほかならない、というクールな認識はありません。

自己啓発セミナーなどでは価値観の転換にいたるテクニックを「意識の配線をやり直す」と表現することがあります。これは、それまでの自分のあり方や思考の枠組みを、さまざまな心理技法を用いて解体し、いったん白紙にして、団体の教義や方針に従った世界観を注入するというプロセスです。

これによって、それまでの「みじめな自分」は解消され、新しい自分に生まれ変わることができるわけです。いわば、すでにある無意識のだましシステムを破壊し、その後に再構築して、世界をさらに都合よく認識する新スキーマを作り上げていることになります。

私は、こうしたマインド・コントロールの技法自体を否定しているのではありません。これと同様の手法は心理療法でも有効利用されています。また、もともと宗教には、こうした俗世とは違う価値観で世界を見るという機能があります。だからこそ、世俗の権力やシステムとは摩擦が起こることも歴史上数々ありました。

ですが、メタ認知を欠いた情報スピンが、時には信仰の安らぎをもたらし、また別状況下では「必然的に」社会的不適応を引き起こす可能性をはらむという二面性があることは、事実として指摘しておきます（ただし、その宗教が世俗の権力をとってしまえば、不適応はなくなるわけですが、それは別の話）。

そして、この問題は、個人の心のありかたのみに、とどまるものではありません。その出来事がネガティブなことなのかポジティブなことなのかが、受け取る人の心理によって決まるということになれば、世の中のさまざまな問題においても心理的アプローチが採用されることにつながります。

つまり、複雑な事情が背景にあり、一筋縄では解決のつかない社会問題であっても、それは「心の持ち方問題」に位置づけることが可能になるのです。なぜなら、心のあり方に働きかけることで、全く見え方が変わるからです。あたかも、宗教的回心のように。

この傾向が社会的に浸透すれば、たとえば、犯罪や差別、いじめ、格差、少子化など、これらネガティブな事象の数々が、政治・経済・社会制度・自然環境などの外的システムよりも、人の心のあり方で説明されるようになります。

若者が「ニート」や「フリーター」になるのは、経済構造の変化や不況対策の無策などの社会要因よりも、「若者の職業意識がなっていない」「一つの職場でがんばろうとする我慢が足りない」「わがまま」という心の持ち方の問題になっています。そうなると、不安定な派遣雇用とかいった構造的な問題は、覆《おお》い隠されてしまいます。他にも「いじめ」や「DV（ドメスティック・バイオレンス）」など、すでに犯罪のレベルになったとしても、心の問題としてアプローチされ、解決が模索されるという状況が発生します。

念のためですが、私はこうした事態が「心の持ち方とは全く関係ない」と言っているのではありません。もちろん、「ニート」についても、心の問題として対処すべき要素があるでしょう。ここで問題なのは、人の心理が持つ、解釈による価値変換システムを信頼すれば、多くの社会的問題が、不当に・過剰に心理的な原因に帰することができるようになるということです。

「少子化問題」も「消えた年金問題」も、心理学から説明できるようになる

こうした傾向は、社会の「心理学化」や「心理主義化」と呼ばれます。そして、現在の社会のさまざまな局面で起こっているといわれます。その意味するところは、出来事を個人の心の内面の問題としてとらえ、それらが心理学、特に心理療法の言葉を使って説明されるよ

うになることです。ですから、問題の理解や解決は主として本人の心のあり方を変えることでなされるようになります。

この傾向が強まれば、必然的に心理学や心理療法が、世界を理解しコントロールするという特権的な地位に祭り上げられて行きます。これは、旧来は宗教が担っていた役割でもあります。

現在では、心の教育が標榜され、さらには学校や職場にカウンセラーが常駐して心理面からのケアに備える体制につながりました。この状態は、心理的ケアが不十分であることに比べれば現実的で前向きなことと評価できます。また、業界的には心理学の活躍の場を広げ、大学院生の就職チャンスを増やしたという点で喜ばしいことでもあるのですが、やはり危ういものを感じています。

一つには、こうして問題を心理学的見方からとらえる枠組みが出来上がれば、さらに多くの出来事から心理学的に考えるべき問題が「見つけ出され」ていくことになります。心の問題という特定のスキーマで物事を見れば、それに即して情報はスピンされ、さらに多くの心の問題が社会的に構成されるようになっていくでしょう。これは心理学のマッチポンプとでもいえるものです。たとえばかつての「アダルトチルドレン」ブームなどといったものが、そうした気配が濃厚に漂った現象だと思います。

そして、この心理学化において特に気をつけなければならないのは、繰り返しますが、本質的な問題が隠されてしまうことです。何をもって本質とするかは、また深い考察が必要かと思いますので、解決のために考慮すべき影響力の強い要因が隠される、としておきましょうか。心のケアや成長によって問題自体は解消に向かうこともあるわけですが、そこに社会におけるさまざまな非合理や構造的な問題を隠してしまう副作用があるという点です。

たとえば、現在の少子化問題について「女性が子どもを産もうとしないのが悪い」「若者が結婚しようとしないのが悪い」という主張もあります。いずれも社会の変化や、それへの対応を怠った政策的失敗を覆い隠して、心のあり方による説明へと枠組みをずらす主張として働きます。

二〇〇七年は、社会保険庁の失策による「消えた年金」で社会に激震が走りました。この問題も、「社会保険庁の役人の性根が腐っている」から起こったと言えば、全くそのとおりです。しかし、窓口の役人の心性を追及すればするほど、そうした個々の職員の専横や怠惰を許した役所のシステム、労使関係、幹部の天下りといった問題が覆い隠されていきます。いや、肝心の所から注意をそらすために、個人の問題に転嫁しようとしているようにすら見えます。

歴史をふり返れば、太平洋戦争中の日本軍は補給や情報といった要素よりも、精神力を重視して戦争に勝とうとしました。これは、現実を直視して対処すべき問題を不当に個々人の心のあり方で乗り切ろうとした「心理学化した組織」の悪しき到達点として記憶にとどめておくべきだと思います。「精神一到なにごとかならざらん」という精神主義が引き起こした失敗から、現在の私たちも多くを学ぶことができるはずです。

少々、話が大きくなりましたが、少なくとも私自身が自覚的に心がけたいと思っていることは、心理学の知識を持つ者として「心の問題に対して、もっとクールな枠組みを持ちたい」ということです。それは、心の問題に対して冷淡でいい、と言っているのではありません。

つまり自分自身が心理学化しないことを、常に「意識」したいということです。なぜなら、私自身が心理学の知識というものの見方を持っている限りにおいて、私は心理学スキーマが仕掛けてくる現実のスピンという「だまし」から逃れることができないからです。これは一種の職業病とでもいうのでしょうか。

考えてみれば、本書のテーマ「『だましリテラシー』を身につけることで、さまざまな問題の解決を意図する」というのは、まさに社会の「心理学化」の一つの現れそのものと言えるものです。ここで扱っている諸問題については、心理的アプローチ以外にも、たとえば「うつ」には薬物治療を含めた医療的アプローチがあるでしょうし、悪徳商法や詐欺にだまされる心理を考えるより、法律や行政が徹底的に取り締まることが有効かもしれません。

ですが、私はあえて心理学の立場に立って発言してきましたし、これからもそうするでしょう。心理学というスキーマで社会を見るということが私たち心理学者のメリットであり、また社会から期待されている役割でもあるからです。

このスキーマの呪縛を常に自省し、情報をクリティカルに考える姿勢を持つことこそ、「だまし」をコントロールするための「メタ認知」の実践として、心がけたいことです。それは、私だけでなく、おおよそ何らかの問題の「専門家」と呼ばれる人（読者の皆さんも、会社や組織で程度の差こそあれ何らかの専門家であるはずです）たちが、視野の狭い「タコツボ」に陥らないために持っているべき基本姿勢であってほしいと思います。

自分で悪徳商法にだまされに行っている

無意識のだましの危険性という点に戻りましょう。

無意識が環境に適応するために行なう情報のスピンは、日常用語としての「だまし」にも一役買っています。つまり、悪徳商法や振り込め詐欺、霊感商法、ネズミ講販売、投資詐欺、などなど、世の中にあふれる悪質な「だまし」の数々は、私たちに内在する無意識のだましシステムと無関係ではありません。おそらく「悪質な詐欺にだまされた」という事例の多くでは、私たちの中のだましシステムと、悪意のある詐欺師が、「共同して」作業したがゆえに成功したと考えられます。この合体攻撃は、一方的なだましより、はるかに強力で絶大な威力を発揮します。

たとえば「一年で二倍になる利回りを保証します。絶対にお得な投資ですよ。最初に一〇〇万円の保証金が必要ですが」という、あからさまな投資詐欺があったとします。

もし被害者側が、濡れ手に粟の儲け話に対して親和的なスキーマを持っていて、その枠組みにそって無意識に情報のスピンを行なったらどうなるでしょうか。一年で二倍の利回りとは、この低金利時代に馬鹿げた話だと思います。しかし、世の中には、株の取引などであっという間に数億円儲けたといった実例も厳として存在しているのです。

ふつうであれば、こうした話は例外として相手にしないものですが、儲け話に親和的なスキーマは、「ボロ儲けは実在する」という強力な認知の枠組みを形作ります。そして、そこに注意が集中すれば、逆にうますぎる話はありえないという常識には処理のリソースが割り当てられなくなります。

こうして、私たちの意識が自覚しないうちに、無意識が「気を利かせて」、儲け話と一貫するように現実の情報をスピンさせていきます。たとえば、詐欺師が出してくる運用実績のような数字も、最初から疑いの枠組みで見ていればデタラメであるという匂いを嗅ぎつけられるかもしれません。しかし、決定的に虚偽であるという証拠はありません。相手の弁舌さわやかな様子は、一流のフィナンシャル・アドバイザーの証拠だと、解釈されます（もちろん、別のスキーマでとらえれば、明らかに口のうまい詐欺師です）。

こうした無意識の働きは前章で示したように、同じものを見ていても、その人の認識の枠組みしだいで、物事はどうにでも（正反対にでも）とらえられるというプロセスまさにそのものです。

もちろん詐欺師の側は、相手の無意識が「望んでいる」情報、スピンしやすい情報を供給し続けます。中には、ちょっと自分に不利な情報を示して（「だれでも儲かるというわけではないのですが…」とか）、それによって信頼のおける人だという思い込みを育てたりするのです。

かくして、すべての情報は「世の中にはやり方次第で大儲けは可能だ」という認知の枠組みと認知的一貫性を保つようにスピンされ、処理されていくのです。この一連の過程は、もちろん特殊なものではなく、普段、自分をだましているプロセスそのものを使っていますので、ごく自然に働くでしょう。私たちは自分が望んでいる世界を詐欺師と共同して作り上げていき、そして詐欺の罠に落ちていくのです。

こう説明すると、「そもそも、その詐欺師が悪いのであって、だまされた方が悪いとか、責任があるとかいうのは、被害者にむち打つけしからん物言いだ！」と、正義感あふれるお叱りをいただく場合があります。

誠にごもっともです。しかし、こうした認識は、「風邪を引くのは、風邪のウイルスが悪いのであって、健康に気をつけなかったとか、風邪をひく側に責任を押しつけるのはけしからん！」という主張に似ています。やはり風邪はひかないように心がけなければならないのです。風邪を根絶することはできないように、浜の真砂は尽きるとも世に盗人の種は尽きないのです。現実的な予防や防衛策は、この前提から始めなければなりません（先の、「心理学化」の問題はとりあえず別にすれば）。

なぜ健康食品には、問題商法が入り込むのか

もう一つ、自分からだまされに行く例を見てみます。問題商法として世の中をたびたび騒がせているのが、実際には効能が認められない食品や水を、万病に効くとか、奇跡の食品とか称して高額で売り込むことです。この手の宣伝には、たいてい「私はこれで難病を克服しました」といった類の体験談が載っているのが定番です（十分に真偽がいかがわしい体験談ですが）。

たとえば、あなたが「健康であることは幸せである。それを簡単に実現する手だては現実にある」という認識の枠組みを持っているとしましょう。

であれば、この健康スキーマに認知的に適合的な情報は、これに反する情報よりも強く知覚されます。奇跡の健康食品を食べて難病を克服した人がいるという実例情報は、自動的に信頼できるものとして解釈されます。その方が一貫性がある情報になるからです。

逆に、その体験談は本当だろうか、科学的な証拠はあるんだろうか、そんなにスゴイのならなぜ全国の医療機関は採用しないのか、といった視点からの、スキーマと矛盾するような情報は可能な限り軽視されます。そして、これらの諸情報を統合した意識は、その奇跡の健康食品にとんでもない高額をつぎ込むという選択をすることになります。

自分は状況を客観的に判断したつもりになっていながら、実は無意識の情報処理が出す結論の後追いをしているにすぎず、その素朴さゆえに人は詐欺の罠に落ちていきます。

破壊的カルトと呼ばれる宗教やイデオロギー団体にだまされる仕組みも、この共同作業プロセスと無縁ではありません。カルトにだまされて悲惨な目に遭っている方々や、そのご家族は心から気の毒に思いますし、そうした不幸を振り撒いて平然としている団体を許せないと思う気持ちは人並み以上に持っています。ただ、だましのシステム、それ自体に着目すれば、そうした団体が提示した一貫性のある世界観を、だまされた人たちが必要としていたという側面はあるのです。

「生きるというのはどういうことだろう」「世の中になんでこんな不公平や矛盾があるのだろう」「なぜ自分は病苦を背負っているのだろう」という問いには、おそらく一筋縄では答えは出ません。しかし、宗教やイデオロギーは、一定の答えの枠組みを用意しています。そのスキーマに従えば、自分も社会も世界も一貫して「意味づける」ことができます。

このスキーマを採用することで、世界の見え方も変わるというのは、説明したとおりです。強制的な洗脳や、強力なマインドコントロールを受けたような場合は別として、詐欺師がリーズナブルな投資話を用意したように、カルト宗教も、だまされる側のニーズに答えた世界理解の枠組みを用意したという構図が少なからず存在します。

いわゆるオカルトや超常現象の「だまし」においても、これと同じものが見て取れます。好例になるのは、ＵＦＯでも占いでも豊富にありすぎて困るくらいです。本書の版元である祥伝社は、そのノストラダムス本の本家本元ということで、これで行きましょう。私も、子どもの頃はノストラダムス本のおかげでかなり人類滅亡の不安をかき立てられた記憶があります。見事に日本人全体が踊らされたわけで、一九九九年には祥伝社に不安から救いを求める人々が押しかけてきたとも、当時を知る編集者から聞きました。

そのブームの発端になった、「ノストラダムスの大予言」が出版された一九七三年ごろには、東西冷戦の中で高まる核戦争の恐怖や高度経済成長のひずみがもたらした公害問題で、社会全体をやり場のない不安感が覆《おお》っていました。この不安を理解し、意味づける枠組みとして、人類滅亡の予言詩は多くの人に受け入れられました。つまり、ノストラダムスが一方的に「だまし」たのではなく、その「だまし」が時代から必要とされたのです。

そして、ノストラダムスに限らず、霊能者も、超能力者も、占いも、非科学的な情報で私たちを「だます」ものだと言えばそのとおりです。しかし、そのだましにもニーズがあり、その枠組みに乗ってだまされようとする人たちがいるために霊感商法が成り立っているのだということも、忘れてはならないと思います。

ここでは、私たち自身の中にある「だまし」のシステムの働きが、ある時は人をストレスから救い、またある時は同じプロセスを経て人を悪徳商法の被害者にしてしまうという共通点を確認しておいてください。

五章 「自分のだまし方」を身につければ、物事はうまくいく

「だまし」を悪と決めつけない

「だましのリテラシー」とは、必要に応じて、自分の中の「だまし」システムを適切に促進・抑制するメタ認知を基盤とするものだと提案しました。では、具体的にそのリテラシーをどう訓練すべきなのか、まず心構えから考えていきます。

最もまずいのは、「だまし」というものを、あってはならない倫理的な悪として、完全否定してしまうこと。そして、自分の正しさを大前提において、その基準からのみ、物事を判断することです。そうなると、必然的に視野は狭くなり、判断は硬直化します。

前章で見たように、悪徳商法やカルト団体、ニセ科学の「だまし」の仕組みを客観的に分析し、自分の中にもだまされる心があることを認識すれば、それをコントロールしようとするアプローチにつながります。その違法性や非科学性を非難して、排除すればいいとだけ考えるとすると、それは長い目で見るとあまり効果的とは言えません。悪徳業者はいくら逮捕したとしても、似たような「だまし」はこれからも限りなく出てくるからです。

どんなものでも、現に存在しているものを頭から否定してしまうと、当面はよいとしても、多様な事態に適用できる柔軟性をなくしてしまうことになります。

たとえば、同様の事態は、戦後の日本にあったと思います。太平洋戦争の悲惨きわまる経験を経て、日本は「戦争」を絶対悪として否定し、永久に放棄しました。いわば、戦争は絶対にあってはならないことだと規定されたのです。それは全く正しいことであり、平和は誰もが願うことです。問題は、そんな「悪」に関わることは、議論や研究すら許されないという空気が長く日本を支配してきたことです。

もちろん、戦争は悪です。しかし、現実にこの世界の各所に戦争が起こっていることは事実であり、それは、つきあっていかなければならないのが現実なのです。戦争に対して思考停止していた日本が、北朝鮮という具体的な脅威が出現したとき、また中東の戦争への協力を求められたときに、有効な対応策を打ち出せなかったのは、このツケが回ってきたからに他なりません。

戦争は「悪」で「ありえない事態」と考えるよりも、まず国際社会や人間の心理が戦争に向かう要素を持っていることを謙虚に認めた上で、では戦争や紛争の惨禍をできるだけ防ぐにはどうすればいいのかを考える方が、より建設的で現実的な対応であると思います。ですから、それが「詐欺」であっても、「差別」「犯罪」「カルト」「ニセ科学」いずれであっても同じで、それらは基本的に「悪」です。しかし、現にそれが社会に存在することには一定の理由があるというとらえ方こそ、現実的に有効な対処へとつながるはずです。

そして、先に説明したように、見方を変えると現実の見え方もドラマチックに変わったように、自分の考え方がいかに正しいと思っていても、視点を変えればまた別の見方があるということにも、常に留意しておく必要があります。

元外交官で対外情報分析《インテリジェンス》の第一線にあった佐藤優《さとうまさる》氏は、虚実を適切に見抜く資質として一番ダメなのは、正義の炎を燃やす星飛雄馬のようなまじめな人だと述べています。また、日本人が対外的な情報活動でガセ情報を見抜くことができず、欧米に大きく遅れをとっている理由についてユニークな分析を行なっています。

それは、日本以外の一神教の国や超越的なイデオロギーの国では人知の限界に対する諦念があり、「自分たちが完璧だと思うオペレーションでも必ず崩れる、どんなに信頼しているやつだって絶対に裏切るという感覚があるから」だというのです*。

この佐藤氏の言い方を借りれば、「だまし」のリテラシーを高めるために必要な考え方は、いかに正しいと認識したことでも、どこかにだましの情報スピンが介在している可能性を認めることであり、どんなに自分が信頼したり自信を持っていたとしても、それは別の見方から見れば別の解釈になりうることを認めるメタ認知的姿勢だと思います。

ただし、それは世の中のすべての情報が「だまし」であって、自分も他人も絶対に信用はできないと決めつけることであってはなりません。そういった決めつけが、結果として「だまし」を検知する目を鈍らせてしまうという研究も次の章では紹介します。大切なのは、常に身近に（自分の中にも）ある「だまし」に目をつぶらず、鋭敏なアンテナを意識的にめぐらすことだと思います。

『あるある大事典』に象徴される、マスメディアのだまし

「だましのリテラシー」獲得のための、またとない教材となるのは、世の中にあふれる実際の「だまし」の数々です。あらためて見渡せば、私たちのリテラシーを向上させる上で考える価値のある事件は、次々と起こっています。最近は、消費者の信用を失墜させるさまざまな偽装・偽造事件が相次ぎました。最も印象的で、示唆に富んでいたのは平成十九年一月に明らかになった関西テレビ『発掘！　あるある大事典2』の事件です。

記憶に残っている方も多いと思いますが、この番組が一月初頭の放送で、「納豆ダイエット」を紹介するやいなや、日本中に納豆ダイエットブームが巻き起こりました。この手の食品ブームの常として、納豆がスーパーの店頭から一時消えるほどの騒ぎにまで至ったのですが、放送内容が全くの捏造《ねつぞう》だったことが明らかになったのです。

放送では、アメリカの研究者の研究をもとに、納豆に含まれるイソフラボンから生成されるDHEAというホルモンにダイエット効果があると説明していました。そして、被験者八名が納豆を食べ続けるという実験を行ない、その結果二週間で最高三・四キロ減のダイエットが成し遂げられたと放送したのです。

しかし、紹介されたアメリカの大学教授が全く言っていないことを日本語の字幕ででっち上げ、測定していない架空の数字を示し、行なっていない比較実験を行なったかのように放送したことなどが次々と明るみに出ました。弁解の余地のない捏造で、視聴者をだまし、愚弄する行為だと非難が集中したのももっともです。しかも、これをきっかけに同番組では同じような情報の捏造や歪曲が数知れず行なわれていたことが暴露されました。

この一連の騒動は、確かにひどい話ではありますが、テレビ局は情報捏造を全面的に謝罪し、番組を打ち切り、これで事態は収拾されました。つまりは「視聴者をだます」という悪事をはたらいたテレビ局が制裁を受けて反省したという構図です。「あってはならないこと」が正されて、テレビはあるべき正しい状態へと復旧したということになります。

しかし、先に指摘したように、このような否定と排除こそ、「だましのリテラシー」向上のためには、かえってまずいのだという点を考えてみたいと思います。

おそらく、時が流れればこの事件も忘れられ、その頃にまた新たな捏造番組が槍玉に挙がるということが繰り返されるに違いありません。現に、民放の情報バラエティ番組のやらせ事件は毎年のように発覚していますし、NHKスペシャルですら『禁断の王国　ムスタン』や『奇跡の詩人』などできわどい問題があったとして厳しく指弾を受けています。

そのたびに、テレビ局は関係者を処分し、時には検証番組やお詫びの放送を組み、こうした情報の歪曲捏造が起こらないことを誓っています（そして、忘れられていきます）。放送業界の「けじめ」をつけてもらうのは結構なのですが、私たちは、私たちなりに、「だましのリテラシー」への教訓を引き出してこそ、これらの事件には意味があります。

マスメディアのだましは、人のだましシステムとよく似ている

『あるある大事典2』のデータ捏造が発覚した当初の新聞報道を見てみましょう。制作局長の発言によれば、部分的には事実と異なる内容を放送してしまったが、「納豆にダイエット効果があるという学説があるのは事実で、実験で体重が減ったという事実に違いはない」とあくまでも悪意の捏造を否定しています。

この発言からは、彼が完全なでっち上げとは考えていない点をよく注目してください。つ

まり、もととなる「事実」があって、大筋においては正しいものである。それを番組でアピールしていく演出手法の一つとして、数値データとしてわかりやすく示して見せた、という主張です。

こうした制作側が使うだましのスタイルは、本書で見てきた人の無意識の「だまし」システムの働きと、非常によく似たパターンになっていることに気がつきます。「道具」が人間の手足の拡張であるのと同じように、メディアは人間の知覚や意識の拡張という働きを持っているがゆえに、両者にはよく似た特徴が見て取れるわけです。

番組制作者の言い分は、全体の方向性は正しいのだから、細かい点の正確さにはこだわらず、わかりやすく情報を構成した、ということです。つまり番組全体で「納豆は健康にいい」という一貫性を作り出すために、少々、情報をスピンしたにすぎないわけです。おそらく、この騒動がなければ、制作者は不当にスピンを仕掛けているとも思わなかったでしょう。こうした情報の再構成は、私たちの無意識の情報処理が行なっていることと同じです。

私たちの心の中では、自覚できないうちに無数の処理モジュールが働いています。これと同じく、テレビ電波に乗って華々しく放送される番組の背景では数多くの担当者が黙々と働いています。心のシステムが、自己評価を維持し環境に適応するという大目標に従って協力して働くように、テレビ局は視聴率を上げスポンサーに満足してもらうために活動していま す。そして、人の意識が膨大な知覚情報すべてを処理することが不可能なために、必ず情報を取捨選択するのと同じように、新聞でもテレビでもマスメディアは、いかに公平を目指したとしても、必ず特定の視点から情報を切り取り編集しなければなりません。

加えて、視聴者にアピールしなければならないという原則があります。そこには、情報をスピンさせる過程が不可避のものとして入り込みます。もちろん、大部分の良心的な番組は、それが編集の範囲内に収まっているために、演出の評価を高めこそすれ、大きな問題にもなりません。人が情報を歪めて処理したとしても、そのおかげで環境に適応でき、日常生活を順調に送れるのと同じです。

また、現場の状況から見ても、「認知的負荷の低減」原則などがそのまま適用できそうです。私もこれまで、いくつもの情報番組の取材に関わってきました。そのスタッフたちの忙しさは半端なものではありません。たとえば、朝のニュースショーであれば、一日も欠かさず、限られた時間内に取材VTRを仕上げて、スタジオに送らなければなりません。取材地が日本中に散らばっているとなると、むちゃくちゃなスケジュールになります。

たまに私の在住する松本市にも取材チームが来ることがあるのですが、ほんの数秒のコメントを取るために、この山奥まで丸一日かけて往復し、また次の取材へと去っていく姿に何度も出会いました。せっかく信州まで来たのだから温泉でも入っていっては、と勧めても、「この後、徹夜で編集なんですよね」と苦笑が返ってきます。

彼らは薄給と強行スケジュールに耐えながら働く下請けプロダクションの一員ですから、取り上げるテーマについて深く勉強していることは期待できません。それでも、精一杯の努力でいい番組を仕上げようとしている情熱には感心させられます。とはいえ、このような状況下では、正確な情報よりも、単純でわかりやすく割り切った情報が構成されていくことになるのは、やむを得ないことでしょう。

こうした状況下で、多くのマスメディア情報は作り上げられていきます。結果としてメディアからもたらされる情報は、実際の世界そのものではなく、関わるさまざまな事情が複合して再構成された「メディア情報」になります。それは私たちの心が情報を都合よくスピンさせ、つぎはぎして一貫した認知を作り出しているのと全く同じ構図があります。

『あるある』は謝ってはいけなかった

このように、マスメディアと人の無意識が同じように「だまし」システムとして働いていると考えてみましょう。私たちが「だましのリテラシー」を獲得するためには、まず「だまし」の存在を悪とせずに、謙虚にその存在を認める心構えが大切だと述べました。ですから、『あるある大事典2』は、あっさりと「捏造という、あってはならない悪事を働きました。すみません」と謝るべきではなかったと私は本気で思っています。

納豆という日本人にとって思い入れのある食材をテーマとして、これだけ話題を盛り上げ、日本人の情報リテラシー向上に決定的な好機をもたらしておきながら、なんたることか！　偽装番組を封印し終わらせてしまったことによって、テレビをはじめとしたマスメディアが不可避的に内在している情報スピンについて、私たちがきちんと考える格好の機会が失われてしまったのです。もし、番組制作者が世間にお詫びしたいと思っているのであれば、ここは「あれは演出のうちです」と開き直るべきでした。その方が、番組打ち切りよりもはるかに世のため、人のためになったことは間違いありません。

実は、スピンどころではなく、あからさまな捏造や歪曲が、謝罪もせず堂々と行なわれている番組は今でも大手を振ってまかり通っています。それは、スピリチュアル・ブームに乗った霊能力者、予知能力者や超能力捜査官、ＵＦＯ、占い師、血液型性格判断などなどです。古くはユリ・ゲラーや宜保愛子《ぎぼあいこ》、矢追純一《やおいじゅんいち》から現在に至るまで、具体的に番組名や超能力・霊能力者名を挙げればきりがありませんが、いずれも真実を伝えていると称しながら、実は非科学的な主張で視聴者を欺く番組がゴールデンタイムをにぎわせてきました。

こうした番組がブームになるたびに、そのインチキ性やヤラセを指弾する声は、科学者や良識ある人々から繰り返し発せられています。そのたびに、こうした番組作りの側がなんと言って反論してきたのか？

「これはバラエティ番組であって、エンターテイメントとして楽しんでほしい（大意）」というコメントを何度聞かされたことかわかりません。こうしたオカルト番組のゲストにさりげなくお笑いタレントを起用しているのは、エンターテイメントという言い逃れをやりやすくするためだと聞いたこともあります。

さらに、最近のスピリチュアル批判を受けての反論では、「占いや霊視はトークのきっかけであって、この番組の本質は人生相談なのである」という新しいパターンもありました。根拠のない占いやヤラセの霊視を問題にしているのに、番組の本質は違うところにあるといって論点をずらすのは、エンターテイメントと言い逃れるのと同じ構図です。いわば、レストランでスープに虫が入っているじゃないか、という指摘に対して、「スープは食事の本質ではなく、メインディッシュを見てほしい」と言っているのと同じです。

ただ、こうした言い訳も見方によっては成り立つのかもしれません。子ども向け番組に出てくる犬が本当に言葉をしゃべるわけではありませんし、おしりを齧《かじ》るあんなに巨大な虫が本当にいるわけでもありません。すべて虚構を前提として楽しめるものであれば、それを楽しめないのは野暮というものです。

だとすればなおさら『あるある大事典2』でも、この姿勢を貫徹してほしかった。これは今でも心からそう思っています。この番組は情報〝バラエティ〟番組であって、エンタテイメントとして楽しんでいただきたい。少々の捏造はよくあることです。と、言い切っていただいた方が、長期的にはどれだけメディアリテラシー向上に資することになったか、はかり知れません。

マスメディアはこうして私たちをだますのだ、だからこそ視聴者は楽しむことができるのだ、ということを隠さずに示すべきでした。そうして初めて、私たちはメディアが作る現実というだまし（必ずしも悪いことばかりではありません）の中で生きていることを理解し、そして、情報を適切に扱うために何が必要かを知ることができたはずです。

たとえば、私たちが健康に対して強い思い入れを抱いており、そのために健康情報を見る目が歪んでしまっているという事実や、そのために、かなりいい加減な情報でも簡単に信じ込む傾向を持っていたということを認識できます。

さらには、私たちがより真実に近い情報を入手するためには、それなりの努力（コスト）やスキルが必要であることもわかります。一つの番組や情報源だけが送ってくる情報をただ鵜呑みにするだけの消費者は、いわばカモと紙一重です。情報を適切に評価するためには、最低限、別の複数のソースからのものと比較検討する姿勢を心がけなければなりません。それも自分の考えを支持してくれる情報だけでなく、客観的で一歩引いた立場からの懐疑的な情報こそ、注目すべきなのです。

しかし、それもなかなか難しいことです。まず情報流通の非対称性という問題がありま す。たとえば「○○は健康にいい」といった類の情報であれば、ちょっとした書店の棚を見ても、インターネットを検索しても、おそらく山のように業者の広告や体験談が出てくるでしょう。これに対し、「健康にいいという主張は正しいとは言えない」「科学的根拠は疑わしい」といった懐疑的な情報の流通量は著しく限られます。

また複数の情報を見比べるときは、それが重要な事案であればあるほど、内容だけでなく情報の出所まで見きわめなければなりません。特にスポンサーなどのバイアスがかかっていないかを調べることまで必要になってきます（『あるある』では、食品業界の介在がとりざたされました)。

　私たちが、賢い情報消費者であるためには、流れてくる情報を消費するだけでなく、やはり主体的な努力を惜しんではならないのです。そしてこうした努力の末に、初めてより確実と言える事実を手にすることができるのです。

　もちろんこれは認知的負荷低減の原則に完全に反するものです。楽に正しい情報を得たいというのが私たちの自然な心理です。だから私たちはすべての情報に対して、こんなことはできません。もちろん、日常的にはそれでもかまいません。ただ、「だましのリテラシー」とは、だまされている自分を知ることで、肝心な時にはだまされないようになることが核心部分です。その意味で、『あるある』は、「時には楽をせずに自分でしっかり情報を吟味しないと正しい情報は得られないよ」というメッセージを発して、私たちに覚悟をせまる番組であってほしかったと思います。

　予言しておきますが、おそらく近い未来に、『あるある』と同じような番組のやらせ・捏造が社会を騒がすはずです。番組制作者の方は、ぜひ謝罪などということはせずに、開き直ってください。それで、あなたの番組は歴史に名を残すことになるでしょう。

「だます」イコール「ウソをつく」ではない

マスメディアと私たちの心の情報処理に共通する「だまし」のテクニックを一つ紹介しましょう。一章でちょっと触れましたが、だますこと＝嘘を言うことではありません。正しい事実だけを伝えていながら（全くウソをつくことなく）、結果として全く「正しくない」認識へと誘導する方法です。「だます」ことが、イコール「ウソをつく」ことだと思ったら大きな間違いです。

これは、やはりオカルト番組などでよく使われる手です。ＵＦＯでも心霊でも、いかにトンデモない主張であっても、それが正しいと主張する怪しい研究者や、それを支える証拠は実在します。ですから、インチキであろうとなかろうと、「こういうことを言っている人がいる」というのは事実ですから、その事実を放送することができます。そして、これに反する意見があることは、番組では取り上げなければいいのです。これなら、情報の捏造にもヤラセにもなりません。

ＵＦＯ特番などその最たるもので、まじめな研究者によってインチキと証明されたフィルムや誤認であると確認された目撃証言が、今でも繰り返し「未解明の事件」として放送されています。なぜなら、未解明の事件と主張する人が存在すること自体は事実だからです。

バーミューダ・トライアングル（魔の三角海域）で飛行機や船が謎の消滅をする、という説を信じている人はまだいるのではないでしょうか？　謎の多くは解明されているにもかかわらず、そうした解明情報は最初からなかったことにして放送されるのが常だからです。

昨今、何度目かのブームを迎えた血液型性格学については、科学的な訓練を受けた心理学者は一貫して「血液型性格学」はただの錯覚であるという結論で一致しています。その一方で、これをメシの種にして、活発に情報発信をしている方々がおられるわけです。ですから、前者をなんとなくなかったことにして、後者の立場の主張だけに注目してしまえば、「血液型性格学」が多くの研究者によって支持されているという事実をいくらでも作り出すことができるのです。

面白いことに、番組の制作者の側は、たいていの場合、血液型性格学が錯誤であることを心得ています。事前に心理学者に取材することもあるからです。対立する意見があるときは双方の意見も聞くというのは、一見公平な姿勢ですが「ちゃんと話は聞いた」という言い訳作りに使われるだけで、その意見が番組作りの中核になることはまずありません。

こうして、オカルト超常番組の数々は製作者の意識としては「捏造なし、偽装なし」で作られていきます。そしておそらく多くの情報バラエティ番組においても、同じ手法が巧みに使われているのです。

たとえば、マイナスイオンが健康にいいという主張をしている研究者は、いることはいますが、ごく限られています。しかも、科学的な姿勢に疑問符がつく方もおられます。これに対してマイナスイオンの効果に懐疑的なまともな研究者は、それこそ山のようにいるでしょう。この奇説に着目して、あたかも確立された結論であるかのように放送してマイナスイオンブームを巻き起こしたのは、他ならぬ『あるある大事典』そのものでした。

こうしたメディアのだまし方も、そのまま私たちの心の「だまし」を映し出しています。人の無意識は、虚偽記憶のような情報の捏造に頼らずとも、正しい情報のみを扱いながら、その注意の重み付けを少しだけ変えてやることで意識をだますことができるのです。

ですから、こうした情報のピックアップを悪質なものとして非難するだけでなく、こうした手法は程度の差こそあれ、メディアでも人の心でも本質的に不可避なものであることを知っておくべきだと思います。いざというときに「だまされない」ためには、情報源に注意するのと同時に、だましの共犯である自分自身の心を点検する必要がある、これが「だましのリテラシー」を向上させるための、重要なトレーニングであり、実践でもあると考えられます。

六章　おたくこそ、だましのリテラシーの達人だ

きちんと「だまされる」のも大切な能力

自分をだますことができない現実主義《リアリズム》が抑うつ状態と深く関連することは、本書の前半で説明しました。私たちの精神的な健康にとって、うまくだまされることは必要なことの一つなのです。ただし、だまされるのであれば、中途半端ではなく「心底から」だまされなければなりません。そして、社会に適応するためには、その状態を適切にコントロールしておく冷静なマインドも持っていなければなりません。

たとえば、詐欺の天才とは、おそらくは必要に応じて自分をだますことができる達人だと思います。自分の行為が悪辣《あくらつ》であることを過剰に意識しているような二流三流の詐欺師は、それゆえに、あせりや後ろめたさ、露見したときの不安といった感情的な動揺も見せてしまい、さらには嘘を取り繕おうとする不自然な物言いなどが目についてくるでしょう。その結果、詐欺は失敗します。

だましの達人とは、人をだましているという認識を追いやってしまい、その嘘が真実であると自らが信じ込み、「これは事実だ！」と心から確信することで、相手を自分の世界に巻き込むことができる人でしょう。そして、情況に応じてあれほど真実だと信じ込んでいたことについても、醒《さ》めた目で客観的に見直す態度に復帰できる人です。

この冷静なメタ認知的な過程があってこそ、詐欺の成功確率を左右するさまざまな周辺情報を適切に評価でき、カモにねらいを絞ることができます。そして、いったん冷静な計算から導き出された詐欺に取りかかると、それが心底から真実であると自分にも相手にも思いこませてしまいます。これこそ、おそらくは被害者が喜んでついて行ってしまったタイプの最強の詐欺師でしょう。

おそらくは、人心掌握に長けたカルト集団の指導者は、計算ずくというよりも、自分が確信することで他人をだまし、巻き込んでいくカリスマ的な素養を持っていると思われます。そうした人物は、冷静で客観的な見方を欠いているものなのですが、カルト集団ともなるとこの役割を複数の人間が分担して受け持つことで、詐欺的機能が効率的に機能するようになっているものです。

こうした詐欺の達人が駆使するようなリテラシーを、ぜひ身につけようではありませんか。精神的な落ち込みから脱するためのポジティブ・イリュージョンの数々も、それが自己高揚のための欺瞞であることを常に意識してしまっては、効果は見られないかもしれません。これは嘘なんだけれども、落ち込まずに済むために、とりあえず信じてみるか、といっても自分自身に対する説得力がありません。

たとえばプラシーボもしくはプラセボ効果（偽薬効果）と呼ばれる現象はよく知られています。医師から「よく効く薬だよ」と言われて、ただのデンプンのカプセルを処方されたとしても、その病気が快方に向かってしまうことです。このプラシーボ効果は、慢性病をはじめとした数多くの病気症状に対して改善をもたらします。ですから、新薬の開発においては、必ず新薬と偽薬を使って二重盲検法（処方する医師も、薬を飲む患者も、どれが偽薬か知らないようにする）のもとで有効性をチェックしなければなりません。そうでないと、薬の本当の効果がわからないからです。

その意味で、薬学者にとっては厄介者のプラシーボ効果ですが、うまく「だまされる」という観点から見れば、この「プラシーボ効果」を活用して、心身の健康に結びつけようというアプローチが当然生まれます。健康になるんだったら、プラシーボ効果であってもいいじゃない、という発想です。そして、人の性格特性としての楽観性やポジティブ・イリュージョンが心身の健康に好ましい影響があるというのは、こうしたプラシーボ効果と共通した心身相関システムの現れではないかと推測されています。

しかし、プラシーボ効果は、それが本当にただの偽薬であると了解されてしまえば、その効果は著しく減殺され、ほとんどゼロになります。だからこそ、二重盲検では、患者はそれが偽薬だとはわからないようになっているのです。

であれば、私たちの無意識のだましが有効性を発揮するのは、自分が平均以上であり、コントロール力を持っており、将来は楽観的であることを、心の底から信じ込んだ時であると言えるでしょう。それでこそ、イリュージョンは効果的に自己高揚を演出することができます。そして、社会の中で適応的であるためには、必要な時には、そのイリュージョンを相対化して、できるだけ客観的な認識ができる心にスイッチすることも必要です。

こう考えると、これはイリュージョンとリアリズムを時と場合に応じて「時間的に」切り替える技術とも考えられますが、両者は同時に共存することもできるのではないでしょうか？

先に、ポジティブ・イリュージョンは、感情面での落ち込みに対して働きかける点でかなり有効だと説明しました。感情が落ち込んでしまえば、行動や認知の原動力そのものが失われてしまいます。そのために、私たちの情報処理システムは、あえて情報を歪めて、自己を高揚させようとします。

しかし、感情面では高揚させつつも同時に冷静に認識すべき客観的な情報はできるだけ歪みを取り払うよう認知過程を共存させることができれば、なかなか有効な姿勢だと思いませんか？　私はこの、心は熱く（ホットハート）と、頭は冷静に（クールマインド）の共存こそ、だましのリテラシーの到達点になるのではないかと思っています。そして、それを実践している実例は後にくわしく見ることにします。

疑り深い人ほどだまされやすい

繰り返しますが、「だまし」はそれ自体が倫理的な悪である、というように、物事を「善か悪か」とか、「正解か誤りか」で決めつけるような単純な二分法的思考こそ、「だまし」リテラシーの向上を妨げます。

なぜなら、だましが絶対的に悪いことだと決めつければ、その「だまし」の背景には何があり、だましにはどんな心理的な効果があり、そして人はいかにして自分をだましていくのか、といったことを多面的に理解することは困難になるからです。人は、完全に否定していることは遠ざけ、目に入らないようにするのが自然です。たとえば、「覚醒剤は絶対にダメ」と思っているあなたは、覚醒剤の種類や作用、世界の覚醒剤事情なんて知りませんし、詳しく知ろうとも思いませんよね（覚醒剤の取り締まり関係者であれば別ですが）。

逆説的ですが「人をだます人間は最低だ！　あってはならないことだ！」と強い信念を持

っていればいるほど、結果として悪質な詐欺にだまされる確率が高くなってしまうのです。

　また、面白いことに、世の中に「だまし」がはびこっていることを過剰に認める人にも、同じ傾向が見られます。たとえば「他人を見たら泥棒と思え」とばかりに何事も疑ってかかる人は、その用心深さゆえに、「だまし」に対して強靭《きょうじん》だと思われがちです。しかし、社会心理学者の山岸俊男《やまぎしとしお》氏の研究では、他人を基本的に信頼しようとする人（高信頼者）の方が、他人は信頼できないと決めてかかる人（低信頼者）よりも、相手の信頼度を正しく検知できることが明らかになっています＊。

　なぜなら、最初から「他人は信用できない」と決めつけてかかる人は、相手に関する情報に、興味や関心を持たなくなるからです。それに対して、基本的に他人を信頼する人は、相手の情報にセンシティブで、さまざまな情報を受け入れる余裕があるわけです。そして、協力関係を築くために積極的に行動し、たとえだまされることがあっても、それを教訓として協力していく努力を続けようとします。そのために、相手の信頼性を的確に評価できるようになるのです。他人を全く信用せずに、自分のカラに閉じこもるようでは、こうした実践的な評価能力は向上しようがありません。

　この山岸氏の指摘は、「だまし」のリテラシーにとっても大切な点をついています。基本的に私たちの心の中には、「だまし―だまされる」システムがあります。しかし、基本的には、そのシステムのおかげで私たちの日常生活は適応的に過ごしていけるのだという前向きな認識と、そんな自分の内にある「だまし」と協力関係を築いていこうという姿勢、これが必要なのです。こうして「だまし」と付き合っていくことこそ、結果として、「だまし」を検知する能力を高め、そしてだましを活用するリテラシーを向上する基盤になるのです。

だましの文化は日本にないのか

「だまし」と前向きに付き合い、協力関係を築いていくためにどんな戦略があるでしょうか。

一つとして、本書で試みているように、体系的な心理学の知識を学ぶことで「だまし」の心理をよりよく理解していこうという方向性があります。

しかし、「だまし」に対して前向きにかつ自然体で付き合っていくためには、こうした勉強で得られた知識だけでなく、周囲の文化的環境のあり方も、とても大事な役割を果たすと考えられます。

社会学者ピエール・ブリュデューが提唱した「文化資本」の理論では、小さい頃から家庭の中で読書や芸術鑑賞などの文化的環境に親しむことが、ゆとりある教養人を生むとされています。この、幼少から知らず知らずのうちに接してきた絵画や書物、クラシック音楽といったものが「文化資本」であって、これらが生み出す価値は親から子に受け継がれることで社会階層を固定化する働きをします。

この理論をヒントにすれば「だまし」のリテラシーにおいても、いわば「だましの文化資本」が、かなり大事な役割を担《にな》うと考えることができます。

すなわち、子どもの頃から知らず知らずのうちに、だましの文化に触れて育っていれば、その後の人生で、「だまし」に対して変に思い入れることなく、余裕をもってつきあえるのではないかと、私は考えています。

たとえば、作家の井沢元彦氏は、そもそも日本には「だまし」の文化がないことを指摘しています。

日本には「だましの文化」がない。簡単に言えば「だますのは当然、だまされる奴はバカ」という文化である。

たとえば中国には紀元前からの「兵法」がある。「兵は詭道《きどう》なり」と孫子も言っている。

詭道とは「人を不正な手段で欺くことである」。またアングロサクソンにも長い伝統がある。たとえば「ポーカー」もそうだし「サッカー」にもその要素があること、そしてそれが日本のチームに一番欠けていることは、サッカーファンならよくご存じだろう。「ミステリー」いわゆる推理小説も英米が発祥の地であることも、決して偶然ではない。スパイ小説などもそうした土壌でこそ育つもので、いわば「だます」ことを「倫理的な悪」とするよりも、「ゲーム」としてとらえる感覚だ。*

井沢氏は、こうした文化的伝統のもとで育った日本人には、外交や対人的なかけひきの中で、積極的に「謀略」「詭計」「計略」といった、「だまし」を使いこなして目標を達成しようとするアクティブな姿勢が見られないのだと論じます。また、そのために、こういった「だまし」に対する防御能力も著しく低いのだと言います。つまり日本の文化環境が、だましのリテラシーの低さの原因の一つになっているというのです（井沢氏の指摘では、その例外が毛利元就《もうりもとなり》です）。

もし、子どもが育つ環境の中につねに「だまし」の文化が息づいていれば、自然にだます側の論理やテクニックを知るようになり、そしてだまされないために必要な戦術を修得し、その結果としてだましの検知や活用能力を高められるかもしれません（副作用を考えなければ）。また、こうした観点から、「だまし」を内包した多様な文化の開花が促進される関係も生まれるでしょう。

犯罪学を専門とする宮脇磊介《みやわきらいすけ》氏は、日本人は情報をあまりにも無警戒に受け入れてしまい、そこに隠された意図や思惑に気づかず、それらに対する警戒感も、確認作業の習慣もないと指摘しています。そのため、欧米からは「ガリブル（だまされやすいカモ）ジャパニーズ」と嘲られることがたびたびあるといいます*。

日本の外交が成果をあげられない実態を見ると、確かに日本にはこうした情報の扱いについての未熟さがあるのでしょう。日本人は、短い戦乱の時機をのぞいて、比較的均質で固定された共同体社会を築き、こうした「だまし」との付き合いをあまり考えずとも（必要とせず）、一応は平和に過ごして来られたのですから、それはそれで幸せだったともいえます。

ところが、現代では、そうした共同体が崩れ、また異文化との接触も頻繁になる中で、だましに脆弱《ぜいじゃく》で使いこなしが下手だという弱点が露呈してしまったわけです。

ただ、日本には「だまし」の文化がないといわれると、そうだろうか？　との疑問もあります。

確かに、ミステリー小説やスパイ小説といった、直接的にだましの活用を扱った文化は日本には少ないのかもしれません。ただ、日本人にはないとされていたポジティブ・イリュージョンが、実際には日本社会を反映するような独特の特徴を見せたように、だましの文化も日本ではもっと別の形での発達を遂げている、とも考えられないでしょうか。

たとえば、世界遺産である龍安寺の方丈庭園（石庭）を日本的精神の精華だということは認めていただけるでしょう。ここを訪れる人たちは、白い砂利に十五個の石を点在させただけの風景を見つめ、そこに壮大な世界を見ることができるといいます。

これは、見方を変えればかなり高度な「だまし」の文化であり、そこに世界を見ることができる人は（自分をだませるという意味での）「だまし」のリテラシーの達人だとも言えないでしょうか。

しかし、私の考えでは、日本の最も高度なだましの文化は京都ではなく、秋葉原にあります。そう、現代の日本には、「おたく」文化という、伝統的な「だまし」の文化がしっかりと根をおろし、発展を続けているのです。

「おたく」はだましの情報リテラシーの達人

私は一流の「おたく」と呼ばれる人たちこそ、ホットハートと、クールマインドを共存させた、高度な「だまし」のリテラシーの持ち主だと思っています。いや、かなりマジです。

本書「まえがき」に述べましたように、私は実践的な心理学的研究のため（と称して）、超常現象やオカルト、占いにだまされる心理を分析し、その手のディープな世界にささやかながら関わってきました。

そんな中で、意外なほど豊穣な「だまし」の文化の数々を知り、そして事実と虚構のハザマで縦横に活躍する「おたく」的な人々を知ることができました。彼らは「うまくだまされることを、何よりも楽しむ」精神と、「手抜きのだましは許せない」という厳しい批判的精神を併せ持っています。これは決して皮肉ではありません。「おたく」の精神こそ、「虚実の皮膜」の中で自分を見失わずに「だまし」を楽しみ、また客観的に評価することができる「だましのリテラシー」の達人だったのです。

このリテラシーがあってこそ、彼らは、本気で信じてしまうと危ない境界線上で、ＵＦＯにもノストラダムスにも占いにも、さらにはアニメにもプロレスにもＳＦ《サイエンス・フィクション》にも、底知れぬ魅力や面白さを見いだしているのだと思います。

たとえば、あなたは往年の「おたく」の王道とも言える『機動戦士ガンダム』や『新世紀エヴァンゲリオン』といったSFアニメやマンガを本気で楽しむことができるでしょうか。特に年配の方や、若くても「まじめ」な人の中には、こういった作品を目の当たりにすると、それがSFというだけで「こんな絵空事をありがたがるのは子どもだけ」とか決めつけてしまって、全く相手にしない人がいます。

ただ、そういった人でもテレビのホームドラマや、恋愛ドラマ、サスペンスドラマといったものは、同じくフィクションではあっても「絵空事」という理由で拒否する人は少ないはずです。つまり、同じ虚構の世界であっても、ドラマ世界自体が、私たちの日常から見てリアルなものであれば、その世界に入っていく（ドラマの虚構にうまくだまされる）ことができるのです。

その一方で、SF的なストーリーということになれば、程度の差こそあれ、何らかの形で現実から飛躍した世界を舞台にしています。さらにはマンガやアニメということになれば、それは子どもが喜ぶような「お話」の世界であって、大人社会一般からは価値は低いものという位置づけがなされています（最近は変わってきましたが）。

つまり、おたく的なアニメには、現実と物語がつながりにくいという壁だけでなく、世間一般からも冷たく見られるという心の壁も働きます。これを突破して、その世界に情熱的に入り込めること、そしてその世界に対して自分のアイデンティティに関わるような真剣な取り組みができること、これこそ本気でだまされる情報リテラシーの発露ではないでしょうか。世間では、こうしたホットハートを備えた少年少女（そして、おっさんまで）を、「おたく」と、いくぶんの侮蔑を込めて呼ぶのです。

また「おたく」は、単に本気でだまされに行っている、というだけではなく、その技術も高度です。たとえば「おたく」アニメの世界でも、特撮映画でも、そしてプロレスでも、これらは多くの独特の文法や約束事に支えられており、それを共有しないものにとっては、かなり敷居が高い世界であることも見逃せません。それは、能や狂言といった伝統芸能が、舞台装置や役回りから歴史的背景を含めて膨大な約束事を共有しないと、それだけ見ても深く理解できないのと同じことです。こういった世界にうまく「乗る」ためには、経験と訓練が必要なのです。

たとえば、日本人の多くは子どもの頃からマンガを読み続ける中で（いわばマンガという文化資本に恵まれた中で）、マンガ独自の文法や約束事を自然に身につけています。ですから、私たちはマンガを読めるのは当たり前のように思っている方もおられますが、実はこれらの修得なくして、マンガにきちんと「だまされる」ことはできないのです。

私の同僚のある先生の例なのですが、若い頃から第一線で活躍されてきて、五〇近くなるまでマンガというのをほとんど読んだことがなかったそうです。そのため、普通にマンガを読みこなすことができません。最近、学生と話をする中で、読んでみようという気にはなったようですが、まあ三〇分もあれば楽に読めるコミック一冊を読み切るのに三時間はかかる始末でした。

この先生の読み方は、あたかも小説と挿絵を読むように、まずマンガの台詞《せりふ》を読み、次に絵を見て、理解して次のコマに進む、という実に手際の悪い方法になってしまうからです。よくよく考えれば、小学生の子どもで、あんなにも情報量の詰め込まれたマンガのページを次々と理解して読めるというのは、驚異的なメディア・リテラシーだということがわかります。

そして、この先生に言わせると、わかるマンガと、ついて行けないマンガがあるそうです。たとえば「島耕作」のように現実の社会の出来事をゴリゴリのストーリーで押してくる種類のものはおもしろがって読まれるのですが、少々発想の飛躍が必要な作品や、いわゆるセンスが要求される作品はまずダメです。まあ、これ面白いから、と勧めてみても、一読して「こんな話はありえないでしょう。ノートに名前を書くだけで人が死ぬとか…」となってしまいます（「島耕作」もかなりありえない話なのですが、この差は何？）。

ありえない話を、いかにリアルに感情移入させて読ませるのかが、フィクション作者の腕の見せ所なのですが、これを受けて立つ側にもフィクションをとらえる読解能力が必要なのです。情報バラエティに簡単にだまされてしまう人が「だましのリテラシー」が低いのと同様に、フィクションという「だまし」に全くだまされない人も、同じくリテラシー的には改善の余地があると言えるでしょう。

アクティブなおたくは、自分自身をわかっている

「おたく」のだましのリテラシーが高度である所以《ゆえん》は、世間的に疎外されたジャンルの虚構世界にのめり込む情熱や技術、そして深い知識だと述べました。しかし、「おたく」が、ただの「熱狂的なファン」と異なるのは、そうした対象へ没入している自分自身と、一歩引いて冷静に見る客観的な自分が同居していることです。いや、この俯瞰的な見方ができるかどうかで、熱狂的なマニアと「おたく」は決定的に異なるといえます。つまり、一流の「おたく」はクールマインドを達成しているのです。

この考えはにわかに首肯できない方がおられるかもしれません。なぜなら、一般に「おたく」とは特定のマンガやアニメ、ゲームなどにのめり込んだあげく、現実が見えなくなり、特に周囲の人たちとのコミュニケーション不全に陥った人たち、というネガティブな見方が一般的だからです。

しかし、「おたく」と称せられる人たちの中でも、アクティブに活動している人たちは、自分がのめり込んでいる対象が虚構の世界であることも、そして自分の活動が世間一般からは価値がないものと考えられていることも、十分に承知しています。いわば、だまされている自分自身を冷徹に見つめながらも、徹底的にその虚構にどっぷりと浸かり、さらには自らのその世界を拡張していくことができるのです。

その特徴をよくとらえているのが、「おたく」に特有のパロディ文化です。おたくたちの同人誌のほとんどが、自分の好きな作品のキャラクターを自在に活躍させるパロディで埋め尽くされているのはご存じだと思います。そして、パロディというのは、対象を醒めた目で突き放して見る見方がなければ、生み出されない文化です。評論家の浅羽《あさば》通明《みちあき》氏の言い方を借りれば、敬虔なキリスト教徒には聖書のパロディを書くことは決してできないのです。*

しかし、「おたく」はあたかも宗教的な情熱に匹敵するほどの対象への愛情を見せつつも、その対象を神聖視せずに醒めた目でパロディにしてしまいます。「自分の一番好きな作品の欠点を何時間でも述べることができる」のが、「おたく」の精神であると言ったのは、これもおたく評論の第一人者岡田斗司夫《おかだとしお》氏です。これこそ、対象に対するホットなハートと、クールなマインドを両立させる姿勢そのものではないでしょうか。

たとえば、今や「おたく」と言えばメイド喫茶というのが切り離せないものとなっています。これも、いわば虚構の世界でのご主人様とメイドの関係性を売りにしているものです。こうしたおたくの虚構感覚を、「理解不能」と切って捨てる方も多いかもしれません。実際そのとおりで、経済学者の森永卓郎《もりながたくろう》氏は、「メイド喫茶はタイや韓国にも進出したが、この『奉仕する／される』という繊細なロールプレイングを理解できなかったせいか、どちらもただの性風俗産業となってしまった」と述懐しています。*メイドに対する時には真剣に愛情と情熱を注ぎ込み、それでいて、これがロールプレイであるという醒めた目を決して失わない「おたく」精神は、世界にはなかなか理解されなかったようです。

これも「おたく」的な例で恐縮ですが、プロレス業界の隠語に、「スマート」と「マーク」という呼び方があります。「スマート」とは、プロレスの裏の仕組みをよくわかった上で、プロレスを総合的なエンタテイメントとして楽しむことができる観客のことです。一方で、プロレスをあくまでも真剣勝負だと思いこんで熱狂する観客が「マーク」、いわば「カモ」という意味です。

この言葉を借りれば、「だまし」に乗れるだけではカモであり、そのだましのレベルの高低を冷静に評価できるスマートなリテラシーをもってこそ、「おたく」的な深い見方が完成すると言えそうです。つまり、アニメでもマンガでもディズニーランドでも、韓流ドラマでも、その世界にはまりこんでいけるということは「おたく」的なリテラシーの必要条件であって、十分条件ではないのです。

ですから、「おたく」はマンガでもアニメでもそれがおたく的な虚構《フィクション》であれば受け容れるのではなく、できの悪い虚構には誰よりも厳しい態度を取ります。一般の人だったら、「どっちもフィクションなんだから、たいした違いはないじゃん」という程度の細部、いや全く気がつかないようなディテール情報にこそ、こだわりを見せ、厳しく査定しようとします。それが「おたく」なのです。

かつて、プロレスの見方を評して、作家の村松友視《むらまつともみ》氏は「ジャンルに貴賤はないが、ジャンル内には歴然とした一流二流がある」と喝破しました。プロレスは、プロ野球や大相撲に比べて劣ったり優れているということはない、しかし、プロレスラーには厳然とした差がある。そしてプロレスの仕組みからして、そうした真の一流二流の差は、試合の勝敗からは直接読み取ることはできない。プロレスを見るものは、それこそを見極めなければならないというのです。これこそ「おたく」の精神のあり方だと思います。

現実と虚構の区別を重視しない「おたく」

一口に「おたく」と言っても、その実態や定義は歴史的にも文脈的にも異なります。近年、「おたく」文化がコンテンツビジネスとして注目を集めるようになって以来、「おたく」文化と「おたく」人口は急拡大し、その中身も激しく変容してきました。「おたく」は、飽くなきこだわりと情熱を持つ層というよりも、メイド喫茶で「萌え〜」と言っている人、くらいの認識も案外一般的になってきています。

こうした最近の「おたく」のあり方の変貌ぶりは、前述の岡田斗司夫氏も『オタクはすでに死んでいる』*とまで評したほどです。私がいう「情報リテラシーの達人」としての「おたく」も、八〇〜九〇年代の「おたく」黎明期にこそふさわしいステレオタイプな「おたく」像であり、また「おたく」とはかくあってほしいという理想像なのかもしれません。

しかしながら、「おたく」と「だまし」を考えるときに、どうしても避けて通れない偏見があります。たとえば、「おたく」とは、ゲームやアニメの世界にのめりこんだあまりに、「虚構と現実の区別がつかなくなってしまって、理解不能な犯罪に走る」というものです。

こうした一般社会の見方を決定づけたのは、俗に宮崎勤事件と呼ばれる昭和六十三年から平成元年にかけて発生した幼女連続誘拐殺人事件でした。それ以降、無力な女性や女児が犠牲になる監禁や誘拐殺人事件が起こるたびに、ロリコン的な性癖を持った「おたく」像が犯人像として取りざたされます。ここ数年の「萌え」ブームの中で、やはり「おたく」というのは普通の人には理解しがたい性的な嗜好を持つという認識が浸透しています。

しかし、いわゆる「おたく」的な性格特性が、特有の犯罪を引き起こす原因になるという考えには科学的な根拠は存在しません。もちろん、個々の事件で何が真の原因だったのかはわかりません。しかし、「おたく」的な若者の増加が、子どもや女性に対する性的な犯罪の増加を引き起こしているという考え方は、社会的なデータからほぼ否定できます。

警察庁の統計を見れば、中学生未満の強姦被害者は、「おたく」が登場するはるか以前の昭和四十年代に最も多く、以後、ゆらぎはあっても減少を続け、二〇〇六年にはピーク時の五分の一程度となっています。これは、この間の少子化をはるかに上回るハイペースでの減り方です。この間にアニメやゲームといったおたく文化は爆発的に拡大しているという事実があります。

もし、理解しがたい事件が起こるたびに取りざたされるように、暴力的なゲームや性的なアニメが青少年の犯罪を引き起こす大きな要因だというのであれば、この事実は説明がつかないのです。「おたく」＝性犯罪予備軍という見方は、おたくステレオタイプがもたらす、原因帰属の歪みであり、それ自体が見る人に都合よく情報をスピンさせる「だまし」そのものです。

ただし、おたく的な思考のスタイルは、現実や虚構に対する独特な見方によって特徴付けられているように見えることも確かです。たとえば、「おたく」研究の第一人者としても知られている精神科医の齋藤環《さいとうたまき》氏は、次のように分析しています。

コアなおたくというものが虚構へのスタンスが独特であり、アニメ作品にしても複数のレベルで楽しむことができる。（略）「虚構コンテクスト」のレヴェルを自在に切り替えることができるのだ。彼らは現実を虚構の一種と見なしている。それゆえ現実を必ずしも特権化しないことが現実逃避と取られやすい部分なのかもしれない。その意味でおたくは「虚構と現実の混同」をすることは決してないが、「虚構と現実の対立」をさほど重視しない。彼らはむしろ、虚構にも現実にもひとしくリアリティを見いだすことができるのである。*

「おたく」は虚構の世界を現実だと思いこむのではなく、一見揺るぎない現実にも、さまざまな虚構の集積体という性格があることを嗅ぎつける嗅覚を持っているというのです。

私の勝手な考え方かもしれませんが、「おたく」は徹底して情報の細部や裏を醒めた目で読む指向性を持っているがゆえに、現実《リアル》の世界が、虚構の情報の数々によって「構成された」ものであることも、見抜くことができるのではないでしょうか。

であれば、虚構と現実は対立するものではなく、現実が虚構に包み込まれているとでもいうべきでしょうか。「おたく」の現実のとらえ方は、あたかも、私たちの意識における現実とは、実は無意識が仕掛けてくるスピンされた情報の上に成り立っていることをふまえているかのように感じられます。

こうした日本の「おたく」の現実感覚はどこからくるのか。これらの疑問にはいつか、認知心理学の観点からじっくりと取り組んでみたいというのが私の野望です。

さらば懐かしの名レスラーたち

　私自身が、「だまし」と「おたく」の関係をかくのごとく考えるようになったきっかけは、マンガ・アニメよりも、昭和から平成の初期にかけての「プロレス」の影響だと思います。

　フィクションであることが前提となっているマンガ・アニメよりも、プロレスは、それ自体が、虚構と現実の間の微妙な位置に成り立っているジャンルであるがゆえに、見る者にとって、何が虚構であり何が真実かを常に意識することを要求したのです。

　そのプロレスが輝いていた時代が、かつてありました。ゴールデンタイムのテレビを席捲し、国民的娯楽としてプロ野球や大相撲の向こうをはった時代が確かにあったのです（私は力道山没後の世代ですので、猪木・馬場以降の話です）。

　ジャイアント馬場、ジャンボ鶴田、ブルーザー・ブロディ、アンドレ・ザ・ジャイアント、カール・ゴッチそして橋本真也。彼らの勇姿が、今も熱く思い出されます。一世を風靡した彼らは、相次いであの世に旅立ってしまいました。それとともに、かつて世界の最先端と言われた日本のプロレスの灯も、今まさに消えつつあります。

　力道山の時代から、プロレスを馬鹿にする人たちは、決まって「八百長」という言葉を口にしました。プロレス技なんて二人が協力しないと決まりようがないし、勝ち負けもあらかじめ決まっている、そんな八百長に「だまされて」プロレスを見ているのは馬鹿だ、というのです。

私も子どもの頃は、何の疑いもなく熱中していました。アントニオ猪木率いる新日本プロレスがブームを巻き起こした時期です。思えば、初代タイガーマスクに熱中する素直な「マーク」だったわけです。ただ、掛け値なしの真剣勝負だとは、思っていませんでした。ロープに振れば返ってくるとか、三本勝負では一本ずつ取り合うとか、そのくらいの演出はあるだろうと。

プロレスの裏を嗅ぎつけたのは、小学生の頃だったと思いますが、人気レスラー二人がシングルマッチで決着をつけるという大一番に、悪役二人が殴り込んできて、急遽善玉対悪玉のタッグマッチに変更されるという「子どもだまし」を、見せつけられたときです。子ども心にこれはないだろう、と「大人の事情」をかいま見るようになりました。

一度、そうした疑いの目で見るようになると、試合の細部のはしばしには、あらかじめ仕組まれたものでなければ辻褄があわないことが、数多く見えるようになってきました。

この見方の進歩は、情報をクリティカルに吟味することで簡単な「だまし」にはだまされなくなるという意味での「だましのリテラシー」を身につけたということでしょう。当時の子どもたちは、やがてそうしてプロレスを卒業して行くのが常だったのです。しかし、村松友視氏の『私、プロレスの味方です』をなぞりながら、少々ひねた視線から「おたく」的にプロレスを見ていた私は、大学へ進んでも就職しても、プロレスがかもし出す虚と実の入り混じった魅力から離れられないでいました。それはプロレスがさらに進化して、本格的な格闘を看板にしたUWFが出現し、一種の社会現象とまでなった時期に一致します。

やがて、職場の同僚として社会学者・赤川学《あかがわまなぶ》氏に出会い、自分のプロレスの見方が、まだまだ「おたく」と呼ぶレベルには遠く及ばないことを思い知らされました。性をめぐる歴史社会学の第一人者であり、その後、『子どもが減って何が悪いか！』という刺激的な著作で少子化問題に切り込んだ赤川氏は、その一方で「週刊ファイト」と「週刊プロレス」を枕元に置かないと眠れないというほどの、その道の達人だったのです。

リング上の華々しい格闘に目を奪われていた私のプロレス観戦と、彼の「スマート」としての見方はあきらかに違いました。リング上のレスラーを見るだけでなく、その試合の裏にあるアングル（仕掛け）を中心に試合を読み解いていくのです。その試合が成立する意味、この技がここで使われる経緯、プロモーターの思惑、そして、それぞれのレスラーが背負っている人間くさい事情。こうしたものに目を向けることで、リング上に見えているプロレスの格闘は、全く別のものに見えて来たのです。

プロレスという世間的にはバカにされがちなジャンルに限りなく熱い情熱を注ぎ込みながら、クールでクリティカルな態度で情報を読む、この二つを両立させていた赤川氏の姿勢、そこに私は一流の「おたく」のあるべき姿を見た気がしました。そして、これは一流の学者の態度でもあることは言うまでもありません。

やがて、日本のプロレス界は、掛け値なしの真剣勝負を標榜した総合格闘技の上陸によって大ダメージを受けます。さらにプロレスのからくりについての暴露本の出版に追い打ちをかけられ、今まさにメジャーなエンターテイメント・スポーツとしては終焉を迎えつつあります。しかし、私だけでなく、多くの当時の「おたく」たちのだましのリテラシーが、プロレスによって鍛え上げられたことは、おそらく忘れられることはないでしょう（たとえ『あるある大事典』はすぐに忘れ去られても）。

誰もが、最初はプロレスの子どももだましにだまされて、成長すれば仕掛けを見破ってだまされないようになる、これが第一段階です。ここで卒業せずに、積極的にだまされに行き、その世界の魅力をより深く知ることができるようになる。そして、あえてだまされる自分と、それを含めたすべてを俯瞰する自分を意識し、コントロールすることができるようになる。これこそが、プロレスに限ることなく、アクティブな「おたく」の、そして「だましリテラシー」の達人のたどる成長の道のりだと思っています。

　この道をいけばどうなるものか。

　迷わずいけよ、行けばわかるさ。

　私の「だまし」のリテラシーを育んでくれた、名レスラーたちに感謝を捧げます。

「だまし」は常に私たちとともにある

　本書でじっくりと考えてきた「だまし」のリテラシーは、主として自分で自分に仕掛ける「だまし」という切り口に着目したものでした。普通に「だまし」という表現が意味するような、他人に仕掛けるだましの心理については、それはそれで大きなテーマになり、そこには、自己欺瞞以上に、多様な切り口がありそうです。

　ですから、この意味での「だまし」は、また改めて考えてみたいと思っているのですが、ここでは本書のテーマとからめて一つだけ述べておきます。

　それは「どんなに正直な人でも、実は他人をだますことなしに社会に適応できないのだ」ということです。

これは、他人に対する「だまし」も、自分で自分をだます「だまし」も、その多くは、共通の認知システムの働きの影響を受けており、そのシステムは環境に適応的であることを大目的にしているからです。

自分をだますのは心理的にアリかもしれないけれど、他人をだまして適応するというのは、これはマズイだろう、などと思わないでください。どんな正直な人でも必ず人をだましています。いや世間的にいい人であればあるほど、人をだます術に長けていると言えるかもしれません。最初に見たように、真実を偽って意図的に他人を誤った認識へと誘導するのが「だまし」だとしましょう。であれば、私たちは誰でも他人を「だまし」て日常生活を適応的に送っているのは、まぎれもない事実です。

たとえば、あなたが女性であれば、人前に出るのにすっぴんという本当の姿を偽るために、お化粧はしませんか？　男性でも、朝起きてボサボサ髪という「自分の真実の姿」を隠すために、髪の毛をなでつけたりしませんか？

学生であれば、いかにつまらない先生の話にも、礼儀正しく、深く感銘を受けたふりをしませんか？

サラリーマンであれば、上司のくだらないオヤジギャグに、いかにも楽しそうに愛想笑いで答えませんか？

実力テストを受けた後、出来にはちょっと自信があったとしても、「いやぁ〜。全然ダメ。まるでできなかった」と、友人にウソをついたことはありませんか？

これは、すべて本来の自分の姿や意見や感情という真実を偽って、それらとは違うものを相手に見せて誤った認識を誘導するという意味では、他人に対する「だまし」に他ならないと言えるのです。その結果として、金銭をだまし取ることはなかったとしても、自分に正直であれば得られなかったはずの好意とか信頼とか、その場のよいムードとか、失敗したときの自尊心の維持とか、そういったものを「だまし」によって入手しているという考え方もできるのです。

では、この考えにいくつか反論を想定することで、本書で取り組んできた「だまし」の情報リテラシーをもう一度考察してみたいと思います。まず、人前に出るときに化粧するのも目上の人には不機嫌に接しないというのも、それは礼儀であり文化であって、それは悪質な「だまし」とは違うと考えた方がおられるかもしれません。

そのとおりです。「だまし」をそのようにとらえるならば、「だまし」こそ文化の根本にあって文化を形作る重要なファクターだといえるのです。偽ったり見せかけたりすることが、自然そのものではない文化を生みます。その点から見れば、「おたく」文化はまさに、非常に高度なだまし文化だというのは、間違いありません。

次いで、化粧した自分も、それはそれで本当の自分の姿であって、偽っているわけではないと反論する方もおられるかもしれません。

それもそのとおりです。「おたく」たちが見抜いたように、虚偽と現実ははっきりと対立するものではなく、同じものを異なる切り口から見たときの見え方の違いにすぎないことが、ここに現れています。そもそも、「本当の」姿というのが確定できるのか、そう思いこんでいるだけではないのか。こうした現実に関する冷静な感覚も、だましの情報リテラシーの重要な要素です。

また、先に二分法こそ問題であると述べたことを受けて、化粧や礼儀までも「だまし」と「正直」の二分割法で考えること自体がおかしい、と言う人もおられるでしょう。

これは、クリティカルシンキングの真価を発揮した非常に鋭い見方です。

それが「だまし」であるという表面的な特徴にとらわれず、その行為がもたらすものが

「だまし」という表現にとって適当なものであるかを多面的に考えること、さらにはその行為の意図や目的、背景までもしっかりと見極めていく姿勢です。この見方が身についているとしたら、その人は高度なだましのリテラシーを達成していると思います。

「だまし」とは、それが「真実を偽って意図的に人を誤った認識に誘導する」という定義だけでは、とてもとらえきることができない複雑な概念であり、そして文化であり、人の心理を支配する重要な要因でもある、とまとめておきたいと思います。

そして、自分の行動や言葉、認識の中にも情報のスピンという形で必ずだましがあります。いや、あらゆる情報、言葉、人間の考え方の中には、おそらく「だまし」が持つ特徴や機能が必ずあります。

このだましとうまく付き合っていく能力、すなわちだましの情報リテラシーをぜひ身につけようではありませんか。

そうすれば、第一に、自分の感情や心理状態を適切に制御することができるようになるでしょう。第二に、肝心なときに悪質なだましにだまされないようになります。そして、うまくだまされることで人生を豊かにする術を手に入れることができるでしょう（ひょっとすると、立派な「おたく」になってしまうかもしれませんが）。

あとがき

この本を手にされたみなさんは、心理学や「だまし」に人一倍興味があり、また新たな知識を取り入れるのに出費をいとわない方だと思います。それゆえに、すでに簡単には「だまされない」リテラシーを身につけているに違いありません。

次のステップとして、よりよく「だまされる」という方向へも、少々目配りをしてみませんか。

メタ認知による「だまし」のコントロールとかリテラシーとかいうと、何か難しい心理テクニックのように聞こえますが、そうではないことはおわかりいただけたと思います。誰でも、落ち込んでいるときは自分を励まし、調子づいているときには冷静に戒めるという形で、毎日の仕事や家庭生活の中で、気づかないうちに、だましのコントロールを実行しているからです。

その意味で、本書ではかなり「あたりまえ」のことを書いていたはずです。本書が役に立つとしたら、それは、おそらく無自覚に励行されている自分だましの数々を、ポジティブ・イリュージョンやセルフ・サービング・バイアス、メタ認知といった心理学の概念で裏付けることで、より体系的に理解し、さらに応用の幅も広げられることだと思います。

ポジティブ心理学の知見では、自分の能力に対する信頼や将来に対する楽観性を持つことは、基本的にストレス耐性を高め、人間関係にも促進的に働くことで、将来によい結果をもたらすとされます。ぜひ、だまされないだけでなく、自分だましを使いこなしてみようじゃありませんか。

そう考えると、どうも私はだまされやすい人間だったかもしれません。

自己卑下で言っているわけではありません。本書でだましの働きを概観してみると、いかに自分がポジティブ・イリュージョンに乗せられやすいかを改めて感じています。

ちょっと面白そうな新しいことを見つけると、私の無意識は「どうだい、面白いよ。やってみよう。なんとかなるよ」と、都合のいい情報ばかりを私にささやきかけてきます。冷静な意識のコントロールは、なかなか利きません。そんなこんなでだまされ続け、本書でも触れたような超常現象やオカルト、そして「おたく」の世界へと、つぎつぎと関わってきました。

もちろん、そのおかげで得がたい価値ある経験を積むことができ、それが、ものを考える上でのかけがえのない財産になったと、今ではつくづく思っています。でも、このように話が一貫するように解釈して、最終的には「めでたしめでたし」とまとめてしまうことこそ、自分「だまし」の技そのものだったわけです。やはり、私はだまされやすいんですね。これからも、いろいろ落とし穴にはまりそうです。

で、自らだまされに行った面白そうな話の最たるものが、本書の企画でした。怪しい話に「だまされない」専門家を自負してきた私ですが、そこに、だましを前向きに考えようという、なかなかチャレンジングな企画をいただいたのが、ほぼ三年前です。難しいテーマでしたが、その時、私の情報処理システムは、能力の至らなさをさりげなく無視して「大丈夫、書ける」と自己高揚的で統制感の幻想に満ちた結論を出したのです。

そこに落とし穴がありました。たとえば、ポジティブな「だまし」には、それが本質的な解決にならないという問題があると本書で述べましたが、それはまさに、三年間にわたって一向に進まない原稿という形で現実になったわけです。

そんな私の「自分だまし」に巻き込まれながらも、完成に向けてお世話になった祥伝社の吉田浩行氏にあらためて感謝いたします。

また、社会心理学の研究動向などについて、信州大学人文学部の長谷川孝治先生にも、貴重なご助言をいただきました。ここまでこぎ着けることができたのは、皆さんの暖かいご協力と、それでも何とかなるさ、という楽観的なイリュージョンに支えられてのことだと思います。

心残りは「だまし」という奥深い現象に関して未消化のトピックがいろいろあったことですが、それは次への課題をみつけたと、ポジティブに考えておきましょう(これが情報のスピンの実践ですね)。

やっぱり、だまされやすい自分でよかったじゃないか、と心から思っています。

二〇〇八年七月　信州の初夏を迎えて

菊池　聡

主な引用文献

1章
遠藤由美（1995）．精神的健康の指標としての自己をめぐる議論　社会心理学研究，11，134-144.
齋藤孝（2008）．フロイトで自己管理　角川書店
丹野義彦（2001）．エビデンス臨床心理学　日本評論社
シェリー・E・テイラー（著）宮崎茂子（訳）（1989）．それでも人は、楽天的な方がいい　ポジティブ・マインドと自己説得の心理学　日本教文社
2章
安斎育郎（2001）．だからあなたは騙される　角川書店
3章
ティモシー・ウィルソン（著）村田光二（監訳）（2005）．自分を知り、自分を変える　適応的無意識の心理学　新曜社
トーマス・ギロビッチ（著）守一雄・守秀子（訳）（1993）．人間　この信じやすきもの　迷信・誤信はどうして生まれるか　新曜社
ジョエル・ベスト（著）林大（訳）（2007）．統計という名のウソ　数字の正体、データのたくらみ　白揚社
土屋賢二（1994）．われ笑う、ゆえにわれあり　文藝春秋
和田秀樹（2008）．なぜいいことを考えると「いいことが起こる」のか　新講社
マーティン・セリグマン（著）山村宜子（訳）（1994）．オプティミストはなぜ成功するか　講談社
堀毛一也（2006）．自己認識と関係性のポジティビティ　島井哲志（編）「ポジティブ心理学　21世紀心理学の可能性」ナカニシヤ出版　pp. 135-154.
園田雅代（2007）．今の子供たちは自分に誇りを持っているか―国際比較調査から見る子どもの自尊感情　児童心理，862，2-11.（データの出典は日本青少年研究所「高校生の未来意識に関する調査－日米中比較」）
唐沢真弓（2001）．日本人における自他の認識－自己批判バイアスと他者高揚バイアス　心理学研究，72，195-203.
伊藤忠弘（1999）．社会的比較における自己高揚傾向：平均以上効果の検討　心理学研究，70，364-374.
遠藤由美（1997）．親密な関係性における高揚と相対的自己卑下　心理学研究，68，387-395.
外山美樹・桜井茂男（2001）．日本人におけるポジティブイリュージョン現象　心理学研究　72，329-335.
4章
外山美樹（2006）．ポジティブイリュージョンの功罪　小学生のストレス反応と攻撃行動の変化に着目して　教育心理学研究，54，361-370.
吉岡友治（2007）．世の中がわかる「主義」の基礎知識　PHP出版
速水敏彦（2006）．他人を見下す若者たち　講談社
曽野綾子（2007）．昼寝するお化け　週刊ポスト　2007年3月2日号
5章
西木正明・佐藤優（2008）．「悪徳」こそ情報戦を制する最大の武器である『諸君！』，2008年5月号　46-59.
6章
井沢元彦（2005）．逆説の日本史　鉄砲伝来と倭寇の謎　小学館
宮脇磊介（2003）．騙されやすい日本人　新潮社
浅羽通明（1991）．天使の王国「おたく」の倫理のために　JICC出版局
森永卓郎（2007）．成田空港でバカ売れする「柿ピー」に「繊細さ」という日本文化の粋を見た　SAPIO 2007年10月24日号　小学館
岡田斗司夫（2008）．オタクはすでに死んでいる　新潮社
齋藤環（2000）．戦闘美少女の精神分析　太田出版

キリトリ線

★読者のみなさまにお願い

この本をお読みになって、どんな感想をお持ちでしょうか。次ページの「100字書評」（原稿用紙）にご記入のうえ、ページを切りとり、左記編集部までお送りいただけたらありがたく存じます。今後の企画の参考にさせていただきます。また、電子メールでも結構です。

お寄せいただいた「100字書評」は、ご了解のうえ新聞・雑誌などを通じて紹介させていただくこともあります。採用の場合は、特製図書カードを差しあげます。

なお、ご記入のお名前、ご住所、ご連絡先等は、書評紹介の事前了解、謝礼のお届け以外の目的で利用することはありません。また、それらの情報を六カ月を超えて保管することもありません。

〒一〇一—八七〇一　東京都千代田区神田神保町三—六—五　九段尚学ビル
祥伝社　書籍出版部　祥伝社新書編集部
電話〇三（三二六五）二三一〇　E-Mail : shinsho@shodensha.co.jp

★本書の購入動機（新聞名か雑誌名、あるいは○をつけてください）

＿＿＿＿ 新聞の広告を見て	＿＿＿＿ 誌の広告を見て	＿＿＿＿ 新聞の書評を見て	＿＿＿＿ 誌の書評を見て	書店で見かけて	知人のすすめで

★100字書評……「自分だまし」の心理学

名前

住所

年齢

職業

菊池　聡　きくち・さとる

1963年埼玉県生まれ、京都大学教育学部卒、京都大学大学院教育学研究科博士課程単位取得退学。現在、信州大学人文学部准教授、専門は認知心理学。超常現象や占いを信じてしまう心や、批判的思考のあり方などを幅広く研究。著書に「超常現象をなぜ信じるのか」（講談社）、「超常現象の心理学」（平凡社）など多数。共訳書に「クリティカルシンキング　入門・実践・不思議現象篇」（北大路書房）他。

「自分《じぶん》だまし」の心理学《しんりがく》

菊池《きくち》　聡《さとる》

2008年8月5日　初版第1刷発行

発行者……………深澤健一
発行所……………祥伝社しょうでんしゃ
〒101-8701　東京都千代田区神田神保町3-6-5
電話　03(3265)2081(販売部)
電話　03(3265)2310(編集部)
電話　03(3265)3622(業務部)
ホームページ　http://www.shodensha.co.jp/

装丁者……………盛川和洋
印刷所……………萩原印刷
製本所……………ナショナル製本

Printed in Japan　ISBN978-4-396-11121-2　C0211

〈祥伝社新書〉好評既刊

001 抗癌剤 知らずに亡くなる年間30万人 平岩正樹
002 模倣される日本 映画、アニメから料理、ファッションまで 浜野保樹
008 サバイバルとしての金融 株価とは何か・企業買収は悪いことか 岩崎日出俊
010 水族館の通《つう》になる 年間3千万人を魅了する楽園の謎 中村 元
024 仏像はここを見る 鑑賞なるほど基礎知識 瓜《う》生《りゅう》 中《なか》
035 神さまと神社 日本人なら知っておきたい八百万《やおよろず》の世界 井上宏生
042 高校生が感動した「論語」 佐久 協《やすし》
043 日本の名列車 竹島紀元《としもと》
044 組織行動の「まずい!!」学 どうして失敗が繰り返されるのか 樋口晴彦
052 人は「感情」から老化する 前頭葉の若さを保つ習慣術 和田秀樹
062 ダ・ヴィンチの謎 ニュートンの奇跡 「神の原理」はいかに解明されてきたか 三田誠広
063 1万円の世界地図 図解 日本の格差、世界の格差 佐藤 拓
074 間《ま》の取れる人 間抜けな人 人づき合いが楽になる 森田雄三
076 早朝坐禅 凜《りん》とした生活のすすめ 山折哲雄

081 手塚治虫「戦争漫画」傑作選
082 頭がいい上司の話し方 樋口裕一
086 雨宮処凛《かりん》の「オールニートニッポン」
087 手塚治虫「戦争漫画」傑作選Ⅱ
090 父から子へ伝える名ロック100 立川直樹
093 手塚治虫傑作選「瀕死《ひんし》の地球を救え」
095 デッドライン仕事術 すべての仕事に「締切日」を入れよ 吉越《よしこし》浩一郎
098 滝田ゆう傑作選「もう一度、昭和」
099 御社の「売り」を小学5年生に15秒で説明できますか? 松本賢一
101 戦国武将の「政治力」 瀧澤 中《あたる》
102 800字を書く力 小論文もエッセイもこれが基本! 鈴木信一
103 精神科医は信用できるか 「心のかかりつけ医」の見つけ方 和田秀樹
104 宮大工の人育て 木も人も「癖」があるから面白い 菊池恭二
106 メジャーの投球術 日本野球は、もう超えたか 丹羽政善

107 プロフェッショナル 仁志敏久
108 手塚治虫傑作選「家族」
109 「健康食」はウソだらけ 三好基晴
110 「お笑いタレント化」社会 山中伊知郎
111 超訳『資本論』 的場昭弘
112 登ってわかる富士山の魅力 伊藤フミヒロ
113 これが中国人だ! 日本人が勘違いしている「中国人の思想」 佐久 協《やすし》
114 強運になる4つの方程式 もうダメだ、をいかに乗り切るか 渡邉美樹
115 老いない技術 元気で暮らす10の生活習慣 林 泰史《やすふみ》
116 「教育七五三」の現場から 高校で7割・中学で5割・小学校で3割が落ちこぼれ 瀧井宏臣
117 この「社則」、効果あり。 柳《やな》澤《さわ》大輔
118 書き込み式 自分史サブノート 岳《がく》 真也
119 「チベット問題」を読み解く 大井 功

以下、続刊